ERSTMALS KATZENHALTER

Laura Cassiday

Veröffentlichungsdaten

Laura Cassiday
Erstmals Katzenhalter – Erste Auflage.
Zusammenfassung: „Vorbereitung, Auswahl, Aufzucht, Training und Liebe für Ihre neue Katze oder Ihr Kätzchen" – Bereitgestellt vom Verlag.
ISBN: 978-1-961846-47-0
[1. Katzenpflege – Sachbuch] I. Titel.

Entworfen von Sorin Rădulescu
Erste deutsche Ausgabe, 2025

Inhaltsverzeichnis

KAPITEL 8

Spielzeit und Beschäftigung

KAPITEL 9

Katzen im Alter begleiten

VORWORT

Also, du hast dich entschieden, eine Katze zu adoptieren. Eine einfache Sache, oder? Du gehst einfach zum nächsten Tierheim, suchst dir die süße, flauschige, orangefarbene aus und lebst glücklich bis ans Ende deiner Tage.

Obwohl genau das vielen angehenden Katzenbesitzern durch den Kopf geht, kann die Auswahl deines neuen besten Freundes etwas komplizierter sein. Immerhin gehst du bei einem Kätzchen eine Verpflichtung für 15-20 Jahre ein. Eine meiner Katzen wurde sogar 27 Jahre alt! Und was passiert, wenn die Katze deine anderen Haustiere nicht mag? Oder deine Kinder? Was, wenn sie aufhört, ihr Katzenklo zu benutzen? Und wie oft müssen Katzen überhaupt zum Tierarzt? Bei der Katzenadoption gibt es viele Dinge zu berücksichtigen, die zunächst oft übersehen werden.

Genau hier kommt dieses Buch ins Spiel. Es ist ein umfassender Ratgeber für alles rund um die Katzenadoption. Wenn du nicht weißt, wo du anfangen sollst, bist du hier richtig. Wenn du dein neues Kätzchen gerade zu dir nach Hause geholt hast und Fragen hast, werden wir auch das behandeln. Selbst wenn du schon eine Weile eine Katze hast, wirst du garantiert etwas Neues lernen. Also, schnapp dir Katzenminze und Federspielzeug, und los geht's!

Häufige Irrtümer über Katzen

Schauen wir uns zunächst einige häufige Irrtümer über Katzen an. Warum solltest du überhaupt eine haben wollen? Hunde sind doch freundlicher, treuer und liebevoller, oder? Katzen sind unabhängig und kühl. Stimmt das?

Nicht ganz. Katzen sind keine Hunde. Während Menschen Hunde domestiziert haben, haben Katzen sich selbst domestiziert. Vor etwa 8.000 Jahren, als Menschen sesshaft wurden und Getreide anbauten, freuten sich die Nagetiere über die neuen Vorräte. Den Nagetieren folgten die Katzen. Die Dorfbewohner hatten nichts dagegen, dass sie blieben und Jagd auf die Schädlinge machten. Mit der Zeit wurden Katzen von Menschen „geduldet, bis sie zahm waren" und wurden zu den Hauskatzen, die wir heute kennen.

Das ist der Hauptgrund, warum Katzen im Vergleich zu Hunden einen schlechten Ruf haben. Ihre Beziehung zu uns wurde vollständig von ihnen geschaffen, nicht von uns. Wir sind nur Mitfahrer. Es ist jetzt unsere Aufgabe zu verstehen, wie sie mit uns kommunizieren, nicht umgekehrt.

Hier sind einige Dinge, die Menschen häufig über Katzen glauben und die Klarstellung benötigen:

 **Katzen sind pflegeleicht.**

Falsch! Katzen täuschen uns oft durch ihre etwas distanzierte Art. Sie haben jedoch viele Bedürfnisse, von körperlicher und geistiger Beschäftigung über jährliche Tierarztbesuche bis hin zu Gesellschaft mit Menschen und anderen Haustieren.

 **Katzen sind gemein.**

Ich würde behaupten, dass Katzen missverstanden werden. Eine gemeine Katze ist einfach nur eine unglückliche oder stressgeplagte Katze. Wir werden später mehr darüber erfahren, wie man Anzeichen von Angst und Stress erkennt.

 **Katzen sind unabhängig.**

In freier Wildbahn leben Katzen in Kolonien, selten allein. Die meisten Katzen genießen es nicht, die ganze Zeit allein zu sein, und schätzen menschliche und feline (und manchmal auch canine) Gesellschaft. Katzen zeigen ihre Zuneigung auf subtilere Weise als Hunde – zum Beispiel mit einem langsamen Blinzeln oder einfach dadurch, dass sie im selben Raum mit dir sitzen.

 **Ich verstehe Katzen einfach nicht.**

Katzen kommunizieren ständig mit uns; wir wissen nur nicht, wie wir zuhören sollen. Menschen sind schnell dabei, Katzen zu bewerten. „Diese Katze ist aggressiv" oder „diese Katze hasst mich einfach." Wir sollten stattdessen nach dem Warum schauen. Was versucht uns diese Katze durch dieses Verhalten mitzuteilen? In diesem Buch werde ich dir beibringen, wie du die Körpersprache von Katzen lesen kannst.

2

KAPITEL 1

Eine Katze finden

Welche Katze passt zu deinem Lebensstil?

Nachdem wir alle deine Bedenken aus dem Weg geräumt haben, warum du keine Katze haben solltest, lass uns über die Dinge sprechen, die vor dem großen Schritt der Adoption zu beachten sind. Um dir (und der Katze) einen guten Start zu ermöglichen, musst du dir darüber klar werden, welche Art von Katze zu dir passen würde. Die gute Nachricht ist: Wenn du vorbereitet bist und weißt, wonach du suchen sollst, wartet da draußen mit Sicherheit eine Katze, die zu deinem Lebensstil passt! Die meisten Menschen gehen ins Tierheim oder besuchen Tierheimportale im Internet und gera-

Foto Von
Lisa Flanery

ten ins Schwärmen angesichts der süßen Katzen, die durch die Gitterstäbe nach ihnen greifen oder auf Fotos mit einer Schnur spielen. Manche sind auch felsenfest entschlossen, unbedingt ein schwarzes männliches Kätzchen adoptieren zu wollen und sind nicht bereit, Kompromisse einzugehen – obwohl sie nicht genau sagen können, warum sie ausgerechnet solch ein Kätzchen wollen. Sie wollen einfach ein schwarzes, und dabei bleibt es. Ich möchte dir helfen, eine besser begründete Entscheidung zu treffen.

FUNFACT
Geschlechtsbedingte Fellfarben

Wusstest du, dass fast alle Schildpattkatzen weiblich sind? Um das charakteristische dreifarbige Schildpattmuster zu haben, benötigt eine Katze zwei X-Chromosomen, was gleichzeitig das Geschlecht als weiblich bestimmt. Ein männliches Tier kann zwar mit Schildpattfärbung geboren werden, aber das ist äußerst selten. Andererseits sind vier von fünf roten Tigerkatzen männlich. Das liegt daran, dass Kater nur auf einem Chromosom das "rote Gen" benötigen, während Weibchen es auf beiden haben müssen, um diese markante Färbung zu zeigen.

Das richtige Alter – Kätzchen, erwachsene Katze oder Senior?

Jeder will ein Kätzchen. Der Grund ist offensichtlich. Sie sind niedlich. Sie haben winzige kleine Pfoten und Schnurrhaare, und es gibt diese Pullover mit Känguru-Taschen, in denen man sie herumtragen kann. Wie deutsche Tierschutzorganisationen berichten, ist „die Adoption eines Katzenbabys in der Regel höher als die einer alten Katze" - sowohl was die Kosten als auch die Nachfrage betrifft. Der Deutsche Tierschutzbund empfiehlt ausdrücklich, „zuerst in Tierheimen zu schauen, da dort viele wunderbare Katzen auf ein neues liebevolles Zuhause warten. Dazu gehören viele ältere Katzen, die Ihr Leben genauso bereichern können wie jüngere Tiere und dankbar für jede Aufmerksamkeit sind". Wenn es dir bei der Adoption wichtig ist, ein Leben zu retten, wirst du mit einer erwachsenen Katze mehr bewirken.

Kätzchen können auch kleine Terroristen sein. Glaub mir; ich hatte in den letzten Jahren etwa 100 Pflegekätzchen. Ein Kätzchen ist nicht für jeden geeignet. Oft muss ich mir ein schelmisches Grinsen verkneifen, wenn ich Kätzchen an ihre neuen Familien übergebe. Sie haben keine Ahnung, worauf sie sich einlassen. Aber wenn du dich entschieden hast, ein Kätzchen zu adoptieren, solltest du zwei nehmen, und davon lasse ich mich nicht abbringen. Dazu später mehr.

Denk über deinen Lebensstil nach, bevor du dich für ein Alter entscheidest. Arbeitest du viel? Bist du immer zu Hause oder nie zu Hause? Hast du die Energie, mit einer jungen Katze Schritt zu halten, oder suchst du einen Kumpel zum Kuscheln auf der Couch? Hast du bereits Haustiere zu Hause? Wenn du angemessen viel zu Hause bist und an einem Haustier interessiert bist, das etwas mehr Arbeit macht, dann hol dir ruhig ein paar Kätzchen. Aber wenn du bereits eine erwachsene oder ältere Katze hast, bist du sicher, dass diese Katze auch ein Kätzchen möchte? Normalerweise verstehen sich Katzen am besten, wenn sie ähnlich alt sind. Ein Kätzchen könnte deine 13-jährige Katze terrorisieren, die nur in der Sonne dösen möchte. Wenn du 12 Stunden am Tag weg bist, möchtest du vielleicht eine ältere Katze, die sich selbst versorgen kann. Katzen können zwischen 15 und 20 Jahre alt werden, also gib der 10- oder 12-jährigen eine Chance, wenn du einen Kuschelpartner brauchst, der den ganzen Nachmittag auf deinem Schoß sitzt.

Der offensichtliche Vorteil bei der Adoption einer erwachsenen oder älteren Katze im Vergleich zu einem Kätzchen ist die Persönlichkeit. Alle Kätzchen sind gleich – süß und verspielt. Du weißt nicht, ob dieses Kätzchen zu einem unabhängigen Tier heranwächst oder zu einem, das dir nicht von der Seite weicht. Wird sie eine Schoßkatze sein, oder wirst du froh sein, wenn sie sich überhaupt von dir streicheln lässt? Ja, wie Katzen aufgezogen werden, spielt bei diesen Eigenschaften eine Rolle, aber ein großer Teil ihrer Persönlichkeit ist genetisch bedingt und prägt sich im Laufe der Zeit aus. Wenn du eine erwachsene Katze adoptierst, weißt du genau, was du bekommst, so einfach ist das.

Rasse

Für Adoptionen gibt es im Allgemeinen nur eine Rasse zur Auswahl: die Europäisch Kurzhaar. Das ist die ganz normale Hauskatze, wie sie jeder kennt. Diese Katzen kommen in allen Farben, Formen und Größen vor und sind die „Mischlinge" der Katzenwelt. Mit etwas Glück findest du vielleicht eine Europäisch Langhaar oder Halblanghaar, was einfach bedeutet, dass sie ein längeres Fell hat als ihre kurzhaarigen Verwandten. Jede Hauskatze hat eine einzigartige Persönlichkeit und individuelle Eigenschaften, und du wirst sicher finden, wonach du bei dieser Rasse suchst.

Wenn du unbedingt eine Rassekatze haben möchtest, aber eine Adoption bevorzugst, ist das auch möglich, aber es ist schwieriger. Es gibt auch Tierschutzgruppen für bestimmte Katzenrassen. Während meiner Arbeit in Tierheimen und bei Tierschutzorganisationen habe ich einige Bengalen,

Foto Von
Fagan Yusifli

Perser, Maine Coons und sogar eine Devon Rex und eine Sphynx gesehen. Hast du eine spezielle Rasse ins Auge gefasst, solltest du dich im Voraus informieren und niemals nur aufgrund der Niedlichkeit adoptieren. Ja, Perser haben wunderschöne, flauschige Gesichter, aber wusstest du, dass sie häufig Probleme beim Atmen und Fressen haben? Bengalen brauchen mehr Beschäftigung und Bewegung, als viele Katzenbesitzer gewährleisten können, und sie neigen zu Problemen mit der Katzentoilette oder zu Aggressionen, wenn ihre Bedürfnisse nicht erfüllt werden. Vorbereitung und Recherche sind entscheidend, bevor du für dich festlegst, ob eine bestimmte Rasse ein Muss für dich ist.

Das Geschlecht

Ah, da ist sie wieder – die alte Debatte über Jungs gegen Mädchen! Ich kenne alle Argumente für oder gegen die eine oder andere Seite. Die Wahrheit ist, dass es wirklich keine Rolle spielt. Manche sagen, männliche Katzen seien aggressiver oder würden eher markieren. Ich habe sowohl gehört, dass weibliche Katzen liebevoller sind, als auch, dass sie temperamentvoll sein können. Das sind alles ungenaue Stereotypen. Ich finde nur, dass männlich/weiblich oder männlich/männlich bessere Kombinationen sind als weiblich/weiblich, wenn du mehrere Katzen hast. Katzen bilden im Allgemeinen eine matriarchalische Gemeinschaft, in der das dominanteste Weibchen das Sagen hat, daher ist es besser, nur ein Mädchen zu haben, um Streitigkeiten zu minimieren.

Wie viele?

Das Einzelkätzchen-Syndrom tritt auf, wenn du nur ein Kätzchen in deinem Haus hast und keine anderen Katzen. Es ist ein niedlicher Name, der ein großes Problem zusammenfasst. Kurz gesagt, Kätzchen brauchen andere Kätzchen für eine gesunde Entwicklung. Wenn ein Kätzchen allein aufwächst, kann das zu Verhaltensproblemen wie Zerstörungswut, Aggressionen, überggroßer Anhänglichkeit und mehr führen. Kätzchen, die zusammen mit einem Wurfgeschwister aufwachsen, sind tendenziell gesünder, glücklicher und besser sozialisiert.

GUTE GRÜNDE FÜR DIE ADOPTION VON ZWEI KÄTZCHEN

- Hast du schon einmal gehört, dass Katzen Einzelgänger und unabhängig sind? Das stimmt nicht! Katzen leben von Natur aus in Kolonien, und die meisten von ihnen sind glücklicher, wenn sie einen anderen Katzenfreund haben. Kätzchen BRAUCHEN andere Kätzchen für eine gesunde soziale Entwicklung. Selbst liebevolle, fürsorgliche Menschen sind kein angemessener Ersatz für Kätzchen-Gesellschaft.

- Kätzchen sind wie Babys! Sie brauchen ständige Aufmerksamkeit und Aufsicht. Ohne angemessene Beschäftigung und Anregung fangen sie an, die falschen Dinge zu tun. Möchtest du, dass dein Kätzchen aufhört, an Pflanzen zu kauen, an deinen Vorhängen hochzuklettern, die Möbel als Dschungel zu benutzen, dein Toilettenpapier abzurollen und an elektrischen Kabeln und Drähten zu knabbern? Besorg ihm einen Spielgefährten. Die beiden werden sich gegenseitig beschäftigen.

- Du findest es vielleicht niedlich und liebenswert, wenn dein Kätzchen verspielt deine Knöchel verfolgt und angreift oder in deine Hand beißt. Aber wenn dieses Kätzchen erwachsen wird und nicht gelernt hat, was akzeptabel ist, weil es keine andere Katze zum Lernen hatte, macht es keinen Spaß mehr. Kätzchen bringen sich gegenseitig wichtige Fähigkeiten bei, wie Beißhemmung und angemessenes Spiel.

- Kätzchen halten dich die ganze Nacht wach! Möchtest du, dass dein Kätzchen aufhört, deine Füße im Bett anzugreifen, während du versuchst zu schlafen, überall herumzulaufen und Lärm zu machen? Besorg ihm einen Spielgefährten. Sie werden miteinander spielen, bis sie so müde sind, dass sie sofort einschlafen.

- Wenn du denkst, dass du irgendwann zwei Katzen haben möchtest, warum adoptierst du nicht gleich zwei, die sich bereits kennen und mögen, damit du dir den Stress sparen kannst, der sich ergibt, wenn du später zwei nicht verwandte erwachsene Katzen zusammenführst?
- Du rettest zwei Leben statt einem!

Foto Von
Liora Engel-Smith

Nachdem ich dir nun ausführlich erklärt habe, wie wichtig es ist, zwei Kätzchen zu haben – was ist, wenn du planst, eine erwachsene Katze zu adoptieren? Solltest du auch zwei nehmen? Die Antwort ist: besser nicht zur gleichen Zeit. Bei erwachsenen Katzen ist es am besten, eine zu adoptieren, ihr zuerst die Chance zu geben, sich einzugewöhnen, und dann eine weitere zu holen. Du kannst auch ein eingespieltes Paar erwachsener Katzen in Betracht ziehen – das ist ein Paar Katzen, die sich bereits sehr mögen und nicht getrennt werden möchten. Obwohl es Ausnahmen gibt, werden die meisten Katzen im Allgemeinen die Gesellschaft einer anderen Katze genießen. Frag unbedingt im Tierheim oder bei der Tierschutzorganisation nach, ob deine Katze Erfahrung im Zusammenleben mit Katzen hat oder ob sie glauben, dass die Katze es in Zukunft genießen könnte. Ratschläge zur Vergesellschaftung mit anderen Katzen, anderen Haustieren und Kindern findest du in einem anderen Kapitel.

Drinnen, draußen oder beides?

Zu diesem Thema gibt es of starke Meinungen. Es gibt die Menschen, die immer Freigängerkatzen hatten, und „denen ging es einfach gut". Und es gibt die Menschen, die absolut darauf bestehen, dass ihre Katze niemals nach draußen darf. Ich bin irgendwo dazwischen. Ich denke, dass der sicherste Ort für die meisten Katzen drinnen ist, aber dass ihnen man die Außenwelt behutsam näherbringen kann.

Es gibt viele Argumente gegen Freigängerkatzen:

- Das Risiko, von einem Auto angefahren zu werden
- Das Risiko, von einem Hund, Fuchs, Habicht oder anderem Tier angegriffen zu werden
- Das Risiko mit Gift, Krankheiten, Flöhen/Zecken/Würmern in Kontakt zu kommen
- Das Risiko, von anderen Menschen misshandelt zu werden
- Das Risiko, verloren zu gehen, in ein Tierheim gebracht oder von einer wohlmeinenden Person behalten zu werden
- Darüber hinaus stellen nicht-heimische Raubtiere wie Hauskatzen eine Gefahr für die Vogelpopulation dar.

Es gibt auch viele Argumente gegen reine Wohnungshaltung bei Katzen:

- Langeweile

- Fettleibigkeit

- Destruktives Verhalten

- Erhöhter Bedarf, die Katzentoilette zu reinigen

- Erhöhte Menge an Tierhaaren und -schuppen im Haus

Diese Nachteile einer reinen Wohnungshaltung von Katzen sind natürlich nicht zu leugnen. Stell dir vor, du wärst rund um die Uhr in deinem Haus eingesperrt, würdest nie hinausgehen und nie die Außenwelt zu Gesicht bekommen. Es würde dich wahrscheinlich verrückt machen, oder? Es gibt weniger Platz zum Bewegen, du könntest auf dumme Gedanken kommen – und du wärst zu Tode gelangweilt. Ich denke trotzdem nicht, dass das ein Grund zu der Annahme ist, Katzen frei herumlaufen zu lassen würde all diese Probleme lösen. Laut einem Artikel von 2017 im Catster-Magazin beträgt die Lebenserwartung einer Wohnungskatze etwa 15,1 Jahre, während Freigän-

Foto Von
Michael Mannschreck

gerkatzen im Durchschnitt nur 5,625 Jahre leben, weil sie vielen Gefahren ausgesetzt sind.

Es gibt auch Ausnahmen. Viele Tierheime vermitteln „Arbeitskatzen" oder „Scheunenkatzen" als reine Freigänger und Mäusefänger, nicht als Haustiere. Diese Katzen haben normalerweise irgendein schwerwiegendes Verhaltensproblem, das verhindert, dass sie traditionelle Haustiere in der Wohnung sein können. Oft ist diese Vermittlung als Arbeitskatze die letzte Chance und einzige Option für die Unterbringung der Katze. Wenn du eine Lagerhalle, Scheune, Garage oder ein anderes sicheres Außengebäude hast und eine Freigängerkatze zur Schädlingsbekämpfung haben möchtest, erkundige dich nach einer zur Adoption stehenden Katze, für die diese Art von Umgebung das Richtige ist.

Reine Wohnungskatzen sollten täglich mit viel Beschäftigung versorgt werden, wozu auch gehört, „die Natur ins Haus zu bringen!" Es gibt viele Möglichkeiten, deine Wohnungskatze sicher mit der Außenwelt in Kontakt zu bringen.

- Katzengras, das in den meisten Zoohandlungen verkauft wird, ist für Kätzchen sicher zum Kauen und sogar zum Fressen. Du kannst es sogar selbst anbauen!

- Etwas so Einfaches wie das Öffnen deines Fensters und das Hereinlassen von frischer Luft für ein paar Minuten jeden Tag kann für Katzen äußerst bereichernd sein. Hast du schon bemerkt, dass deine Katzen sofort angerannt kommen, wenn du ein Fenster öffnest? Selbst wenn es draußen kühl ist, werden sie ab und zu einen Hauch frischer Luft genießen.

- Deine Katze darauf zu trainieren, mit Geschirr und Leine nach draußen zu gehen, kann auch für euch beide Spaß machen und aufregend sein. Gewöhne deine Katze sehr langsam an das Geschirr, indem du es ihr jeden Tag für ein paar Minuten anlegst. Erst wenn sie sich mit dem Tragen eines Geschirrs völlig wohl fühlt, solltest du sie nach draußen mitnehmen. Sie könnte draußen zunächst nervös sein, also denk daran, geduldig zu sein und sie schrittweise daran zu gewöhnen.

- Viele Katzenbesitzer entdecken den Trend zum Catio. Catios sind Außengehege, in denen Katzen frische Luft und vielleicht ein wenig Gras unter ihren Pfoten spüren können, während sie gleichzeitig vor Raubtieren geschützt sind und nicht verloren gehen können. Ich habe meine Veranda in ein Catio verwandelt, und meine Kätzchen lieben es, dort zu sitzen und die Vögel aus sicherer Entfernung durch ein Gitter zu beobachten.

- Stelle ein Vogelhäuschen direkt vor ein Fenster und gib den Katzen einen bequemen Platz zum Sitzen daneben. Das ist ein kostenloser Katzen-Fernseher!

- Insgesamt liegt es in deinem Ermessen, ob du deine Katze drinnen halten oder sie von Zeit zu Zeit nach draußen lassen möchtest. Am besten funktioniert es erfahrungsgemäß, wenn sie hauptsächlich drinnen ist und kontrolliert und beaufsichtigt der Außenwelt ausgesetzt wird – so bleibt deine Katze sicher und gesund. Viele Tierschutzorganisationen und Tierheime haben Klauseln für reine Wohnungshaltung in ihren Adoptionsverträgen, einfach weil es die sicherste Option für deine adoptierte Katze ist. Wenn du deine Katze unbedingt nach draußen lassen musst, stelle sicher, dass sie ein Sicherheitshalsband mit Anhängern trägt und einen Mikrochip hat, damit sie zu dir zurückgebracht werden kann, wenn sie verloren geht. Studien haben gezeigt, dass nur etwa 1 bis 5 Prozent der verlorenen Katzen, die in Tierheime kommen, zu ihren Besitzern zurückgebracht werden, was hauptsächlich an fehlender Identifikation liegt.

Katzen mit besonderen Bedürfnissen

Eines Tages sprach ich bei meiner Arbeit im Tierheim mit einem potenziellen Adoptanten, der sich Katzen ansah. Ich fragte ihn, nach welcher Art von Katze er suche, und er sagte, nach einer jungen, freundlichen und verspielten. Ich beschloss, ihm Zeus zu zeigen, einen einjährigen braunen Tigerkater, der von einem Auto angefahren worden war, bevor ihn ein guter Samariter ins Tierheim gebracht hatte. Es meldete sich kein Besitzer. Nach einer Beinamputation war Zeus so gut wie neu – nur mit einem Bein weniger. „Oh nein, ich bin ein Tierliebhaber", sagte der Mann. „Das macht mich zu traurig."

Ich fühlte mich sehr verwirrt. Zeus' Geschichte war traurig, sicher, aber die meisten Tierheimkatzen haben keine glücklichen Geschichte. Und Zeus erfüllte alle Anforderungen, die der Mann aufgelistet hatte! Ich denke, der Mann brachte auf „höfliche" Art zum Ausdruck, dass er die Katze ablehnte, weil sie ein bisschen anders aussah oder weniger als perfekt war. Und es stimmt – Katzen mit besonderen Bedürfnissen, haben es schwerer, adoptiert zu werden, als andere. Man hört oft, dass schwarze Katzen statistisch gesehen aufgrund ihrer Farbe seltener adoptiert werden. Auch wenn es großartig ist, dass Menschen das erkennen und bewusst schwarze Katzen adoptieren, bekommen andere „andersartige" Katzen immer noch nicht die Aufmerksamkeit, die sie verdienen.

Ältere Katzen, Katzen mit fehlenden Augen oder Gliedmaßen, Katzen mit medizinischen Problemen, FIV- oder FELV-positive Katzen, taube oder blinde Katzen – sie alle bleiben tendenziell etwas länger im Tierheimkäfig. Selbst die schönste Katze, die ängstlich oder schüchtern ist und sich hinten im Käfig versteckt, wird nicht bemerkt. Wenn du potenzielle neue Kätzchen triffst, nimm dir Zeit, diejenigen kennenzulernen, die dir zunächst nicht auffallen. Wenn sie medizinische Probleme haben, die du als Warnsignal ansiehst, aber sonst alle deine anderen Anforderungen erfüllen, bitte einen Mitarbeiter oder ehrenamtlichen Helfer um weitere Informationen. Du denkst vielleicht zunächst, dass FIV beängstigend klingt, aber die meisten FIV-positiven Katzen führen ein normales, symptomfreies Leben. Bitte darum, die Geschichte des ängstlichen älteren Katers zu hören. Wie lange versteckt er sich schon dort hinten? Warum ist er hier gelandet? Du wirst staunen, wenn du erzählt bekommst, dass er die süßeste Katze der Welt außerhalb eines Käfigs

Foto Von
Jenna Martin

ist, aber diese Umgebung ihn einfach nervös macht.

In meinem Leben hatte ich alle Arten von Katzen mit besonderen Bedürfnissen, darunter Senioren, Dreibeiner, Katzen mit fehlenden Augen, Reizdarmsyndrom, neurologischen Problemen, Schilddrüsenüberfunktion, Tumoren und mehr. Und ich habe sie alle geliebt! Oft bedeutet „besondere Bedürfnisse" nicht einmal zusätzliche Pflege oder zusätzliche Tierarztkosten. Bitte darum, die Katzen kennenzulernen, die dir zunächst nicht auffallen, und recherchiere ihren Zustand, sei es ein Verhaltens- oder medizinisches Problem, das sie „weniger adoptierbar" macht. Du könntest überrascht sein, was du am Ende mit nach Hause nimmst!

Die Vorteile von Kastration/Sterilisation

Wenn du von einem Tierheim oder einer Tierschutzorganisation adoptierst, wird deine Katze oder dein Kätzchen höchstwahrscheinlich bereits kastriert oder sterilisiert sein. In einigen Fällen erhältst du möglicherweise einen Gutschein, wenn dein Kätzchen zu jung ist, oder du musst eine Kaution hinterlegen, die dir nach Abschluss der Operation zurückerstattet wird. Wenn du jedoch eine unsterilisierte Katze von einem privaten Anbieter übernimmst, musst du dir Gedanken über Sterilisation (bzw. Kastration bei einem Kater) machen.

Offensichtlich besteht der Hauptvorteil der Kastration und Sterilisation darin, dass deine Katze sich nicht mehr fortpflanzen kann. Laut dem Deutschen Tierschutzbund werden jährlich etwa 300.000 Tiere in deutschen Tierheimen aufgenommen, darunter viele Katzen. Obwohl sich die Dinge verbessern, gibt es in Deutschland immer noch viel mehr Katzen als Zuhause. Glaub mir; ich weiß, dass Kätzchen süß sind. Das verstehe ich. Aber wir brauchen einfach nicht noch mehr. Wenn du die Freude haben möchtest, Kätzchen aufzuziehen, versuche, ein Pflegeelternteil für eine Tierschutzorganisation oder ein Tierheim zu sein! Aber lass deine eigene Katze nicht zum Überbevölkerungsproblem beitragen.

Hier sind ein paar verbreitete Irrtümer über Kastration und Sterilisation:

- *Meine Katze muss mindestens einnmal läufig gewesen sein/einen Wurf haben, bevor ich sie sterilisieren lasse.* Dies basiert nicht auf Fakten und entstammt der Vorstellung, dass deine Katze die Mutterschaft kennenlernen sollte oder dass deine Kinder das „Wunder der Geburt" miterleben sollten. Tatsächlich senkt die Sterilisation weiblicher Katzen vor ihrer ersten Läufigkeit ihr Risiko, an Brustkrebs zu erkranken, erheblich – und schließt das Risiko von Gebärmutter- oder Eierstockkrebs vollständig aus. Je öfter eine Katze läufig wird, desto wahrscheinlicher ist es, dass sie eine Gebärmutterinfektion namens Pyometra entwickelt. Eine Pyometra (Gebärmuttervereiterung) ist lebensbedrohlich und erfordet eine sofortige Notoperation. Obwohl Pyometra bei Katzen seltener auftritt als bei Hunden, sind dennoch etwa 2 Prozent der unsterilisierten Katzen bis zum Alter von 13 Jahren davon betroffen.

- *Die Persönlichkeit meiner Katze wird sich nach der Sterilisation/Kastration ändern.* Ja, aber nicht so, wie du vielleicht denkst. Warst du schon einmal in der Nähe einer rolligen Katze? Ich kann es nicht empfehlen. Sie schreien ununterbrochen, versuchen, durch die Haustür zu entwischen, und ja – sie präsentieren sich in eindeutiger Weise. Unkastrierte Kater neigen dazu, in der Wohnung mit Urin zu markieren, um zu zeigen, dass sie paarungsbereit sind. Außerdem versuchen sie oft, nach draußen zu gelangen und in der Nachbarschaft nach Katzen zu suchen oder mit anderen Katern zu kämpfen. Sterilisation und Kastration unterbinden diese unerwünschten Verhaltensweisen. Darüber hinaus macht die Kastration bzw. Sterilisation eine Katze nicht automatisch fett oder faul – sondern Langeweile und Überfütterung sind dafür verantwortlich.

- *Ich kann es mir nicht leisten, meine Katze sterilisieren zu lassen.* Immer mehr kostenlose und kostengünstige Kliniken entstehen in ganz Deutschland. In vielen Tierheimen kostet es nur etwa 40 Euro, deinen Kater kastrieren und impfen zu lassen. Der Deutsche Tierschutzbund hat eine Suchmaschine entwickelt, um dir zu helfen, eine kostengünstige Klinik in deiner Nähe zu finden. Wenn du dir immer noch Sorgen wegen der Kosten machst, suche ein Tierheim, bei dem die Kosten für die Kastration/Sterilisation in den Adoptionsgebühren enthalten sind. Das ist bei den meisten Tierheimen der Fall. Als Bonus verlangen Städte, die eine Haustierregistrierung vorschreiben, in der Regel weniger, wenn dein Haustier kastriert ist.

Zusammenfassend ist die Kastration oder Sterilisation deines Haustieres eine Selbstverständlichkeit. Es verhindert kostspielige medizinische Probleme und löst viele Verhaltensprobleme, die mit einer intakten Katze verbunden sind. Es hilft auch, die Überbevölkerung von Haustieren einzudämmen und Einschläferungen in Tierheimen zu vermeiden. Dieser Eingriff ist ein Muss für jede Katze!

EXPERTENRAT

Was sind deine wichtigsten Tipps für potenzielle Adoptiveltern bei der Auswahl der richtigen Katze?

//Normalerweise wissen Menschen bereits, ob sie ein Kätzchen oder eine aus-gewachsene Katze haben möchten. Wenn jemand ein Kätzchen adoptiert, geben wir zu bedenken, dass Kätzchen unermüdlich spielen, einen nachts wach halten können und ständig menschliche Zuwendung brauchen, um Vertrauen fassen zu können und zutraulich zu werden. Hat man sehr kleine Kinder, muss man gut aufpassen und ihnen beibringen, wie sie mit dem Kätz-chen umgehen sollen, sonst könnten sie gekratzt oder gebissen werden. Eine ältere Katze ist viel pflegeleichter und kann öfter allein gelassen werden als ein Kätzchen, braucht aber trotzdem menschlichen Kontakt. Geh niemals an deiner Katze vorbei, ohne sie zu streicheln."

JUDE EPSTEIN
Much Love Animal Rescue

//Wenn jemand, der auf der Suche nach einem Tier ist, unser Tierheim be-sucht, versuche ich als Erstes, mir ein Bild vom Lebensstil der potenziellen Adoptanten zu machen. Wird die Katze in einem Zuhause mit älteren Rent-nern leben? In diesem Fall wäre normalerweise eine Katze mittleren Alters mit einer entspannten, passiven Persönlichkeit am besten geeignet. Gibt es Kinder in der Familie? Jüngere Katzen und die meisten Kätzchen ab einem Alter von ein paar Monaten fühlen sich in der Regel eine aktiveren Umgebung wohl. Jüngere Katzen genießen das Spielen, das Jagen von Spielzeug und die Inter-aktion mit Kindern. Je nach dem, in was für einer Umgebung eine Katze gelebt hat, bevor sie in unserem Tierheim abgegeben wurde, kann eine Kombination aus Wohnungs- und Freigängerhaltung am besten geeignet sein."

LARRY KACMARCIK
Blue Moon Cat Sanctuary

"Leg dich nicht auf Farbe oder Alter fest. Lass dich von unseren ehrenamtlichen Mitarbeitern, die die Persönlichkeiten ihrer Pflegekatzen kennen, beraten, was ihre Vorlieben und Abneigungen, ihre Energielevel und welche Art von Umgebung für bestimmte Katzen am besten geeignet wäre. Lass dir helfen, einen passenden Gefährten zu finden. Die richtige Wahl sorgt für eine harmonische und glückliche Zeit mit deinem neuen Haustier."

KATIE JOHNSON
Actually Rescuing Cats

"Schau dir an, ob eine Katze von sich aus deine Nähe sucht. Hast du bereits Katzen zu Hause – und sind sie männlich oder weiblich? Dann wähle diesmal das andere Geschlecht. Suchst du nach einer jungen, energiegeladenen Katze oder einer, die älter, entspannter und ruhiger ist? Wenn du keine andere Katze zu Hause hast, hast du darüber nachgedacht, wie viel Zeit du hast, um dich mit einer neuen Katze zu beschäftigen, oder wäre es besser, zwei zu adoptieren, damit sie einander Gesellschaft leisten können?"

LYNDA STREEPER
Humane Society of Northern Virginia

"Ich denke, das Wichtigste für potenzielle Adoptanten ist, bei der Suche nach einem „Freund fürs Leben" offen zu bleiben! Viele kommen mit einer festen Vorstellung, was sie mit nach Hause nehmen wollen, wie zum Beispiel ein sehr junges Kätzchen in einer bestimmten Farbe mit einem langen, flauschigen Fell. Bei einigen meiner berührendsten Fälle wurden Familien von Katzen „ausgewählt", die etwas älter und anders waren als das, wonach sie ursprünglich gesucht hatten."

ELIZABETH FUDGE
Companion Animal Alliance

"Die richtige Katze muss das gleiche Energieniveau haben wie das Zuhause. Wenn es Kinder und viel Aktivität gibt, brauchst du eine Katze, die selbstbewusst und aufgeschlossen ist. Wenn es ein ruhiges Zuhause ist, passt eine ruhige und entspannte Katze am besten."

MARILEE WELLS
Maricats Rescue

"Wenn potenzielle Adoptanten in unsere Tierschutzstation kommen und nach einem Kätzchen als dem perfekten neuen Familienmitglied suchen, finde ich es wichtig, ihnen bewusst zu machen, welche Art von Persönlichkeit sie suchen. Wollen sie eine Katze/ein Kätzchen, das gut zu ihren anderen Tieren oder Kindern passt? Wollen sie jemanden zum Kuscheln und Liebhaben? Es ist wirklich wichtig, sich darüber klar zu sein, wonach man sucht, um die perfekte Katze zu finden, und es hilft mir sehr als Vermittler zu entscheiden, ob eine Katze in ihrem endgültigen Zuhause glücklich und geliebt sein wird."

KATIE RIDLINGTON
AK Cat and Dog Rescue

"Es geht alles um die Persönlichkeit der Katze und die Zusammensetzung der Familie. Es gibt viele Dinge zu beachten: andere Katzen, Hunde, Kinder, Energielevel im Haushalt usw. Manche Katzen sind vom Typ her „Ich bin der König des Dschungels und das ist mein Dschungel", das heißt, sie wollen die Einzigen sein. Ältere Katzen möchten typischerweise nicht in einem verrückten, energiegeladenen Haushalt leben; sie bevorzugen einen ruhigen Ort. Kätzchen brauchen eine andere Katze als Partner oder jemanden, der bereit ist, zu spielen, spielen, spielen! Überlege dir, was dein Zuhause ausmacht und denke dann darüber nach, welche Katze ideal dazu passt."

LINDA DIAMOND
SoBe Cats Spay & Neuter, Inc

"Ich rate Adoptanten, sich nicht vom Äußeren der Katze oder des Kätzchens leiten zu lassen und nach einem Kätzchen zu suchen, das zu ihrem Lebensstil passt."

MELISSA CHRISTMAN
San Antonio Feral Cat Coalition

KAPITEL 2

Tierschutzorganisation, Tierheim oder Privatperson: Wofür entscheide ich mich?

Die meisten Menschen wissen, dass sie eine Katze adoptieren oder aus einer Tierschutzeinrichtung holen möchten, können aber von der Vielzahl an Möglichkeiten überwältigt sein. Als ich auf Petfinder.com eine Suche startete, fand ich 5.500 Katzen, die im Umkreis von 160 Kilometern um mein Haus adoptiert werden konnten! Und laut Petfinder gibt es... halte dich fest... ungefähr 160 verschiedene Tierheime oder Tierschutzorganisationen allein in meinem Bundesland, Maryland, die alle Tiere zur Adoption anbieten. Insgesamt nutzen fast 14.000 Tierheime und Tierschutzorganisationen in den

Foto Von
Michele Fellows

USA diese Website, um Tiere zur Vermittlung anzubieten. (In Deutschland gibt es laut Bundesregierung etwa 1.400 Tierheime und Tierschutzorganisationen, die jährlich rund 400.000 Tiere versorgen - bei etwa 16 Millionen Hauskatzen und 10 Millionen Hunden im Land.) All diese Einrichtungen bieten unterschiedliche Verfahren zur Adoption an. Einige haben feste Standorte, bei anderen wirst du deine Katze in einer Pflegefamilie kennenlernen. Ich möchte zunächst den Unterschied zwischen Tierheimen und Tierschutzorganisationen erläutern und erklären, wie und warum sie ihre Arbeit machen.

Tierheim

Tierheime sind physische Gebäude, in denen Katzen und meist auch Hunde und andere Tiere zur Adoption untergebracht sind. In Deutschland gibt es hauptsächlich zwei Arten: kommunale Tierheime, die oft Verträge mit den Gemeinden haben und alle Fundtiere aufnehmen müssen, und private Tierschutzorganisationen, die meist spezialisiert arbeiten und ihre Aufnahmekapazität begrenzen können.

Kommunale und vertragsgebundene Tierheime haben durch ihre Verträge mit den Gemeinden die Verpflichtung, alle Fundtiere aufzunehmen - egal ob sie bereits ausgelastet sind oder nicht. Wenn im Sommer viele Tiere abgegeben werden, jeder Platz bereits belegt ist und plötzlich ein Tierschutzfall mit vielen Tieren eingeliefert wird, müssen sie irgendwie Platz schaffen. Diese Tierheime stehen vor den größten Herausforderungen, da sie nicht „Nein" sagen können.

Private Tierschutzorganisationen und spezialisierte Tierheime hingegen können ihre Aufnahme begrenzen. Sie nehmen Tiere von Besitzern auf, die ihre Haustiere abgeben möchten, und übernehmen manchmal Tiere von Partnereinrichtungen. Sie können jedoch ablehnen, wenn sie ihre maximale Kapazität erreicht haben oder wenn ein Tier nicht ihren Standards für Gesundheit und Verhalten entspricht.

Das deutsche Tierschutzgesetz verbietet grundsätzlich das Töten gesunder Tiere aus Platzmangel. Einschläferungen dürfen nur aus schwerwiegenden gesundheitlichen oder verhaltensbedingten Gründen erfolgen - schwierige Entscheidungen, von denen kein Tierheim ausgenommen ist, die aber immer veterinärmedizisch begründet sein müssen.

Glücklicherweise verbessert sich die Situation stetig, da sich immer mehr Menschen im Tierschutz engagieren. Heute arbeiten deutsche Tierheime mit modernen Strategien: Aufklärungs- und Präventionsprogramme, Kastrations- und Sterilisationsprogramme, bessere Vermittlungsprogramme, höhe-

Foto Von
Julie Ricketts

re Rückgaberaten streunender Tiere an Besitzer und Netzwerke zwischen Tierheimen, um überlastete Einrichtungen zu entlasten. Laut dem Deutschen Tierschutzbund werden jährlich etwa 400.000 Tiere in deutschen Tierheimen aufgenommen, und die Vermittlungsraten steigen kontinuierlich.

Die Öffentlichkeit sollte beide Arten von Tierheimen unterstützen, aber kommunale Tierheime und solche mit Fundtierverträgen können deine Unterstützung am meisten gebrauchen. Sie haben die größten Herausforderungen und oft die knappsten Ressourcen. Wenn du dich über die Situation in deinem lokalen Tierheim sorgst, ist das Beste, was du tun kannst: freiwillig helfen, spenden, eine Pflegestelle anbieten oder adoptieren - so hilfst du konkret, Leben zu retten.

Tierschutzorganisationen

Tierschutzorganisationen werden oft mit Tierheimen verwechselt. Der große Unterschied zwischen beiden besteht jedoch darin, dass Tierheime ein physisches Gebäude haben, in dem sie Tiere unterbringen, während Tierschutzorganisationen meist privat und vollständig von Ehrenamtlichen geführt werden. Alle oder die meisten ihrer Tiere befinden sich in privaten Pflegestellen. Oft pflegen Tierschutzorganisationen und Tierheime gute Beziehungen zueinander und helfen sich gegenseitig, wenn das möglich ist. Tierheime erhalten ihre Tiere normalerweise entweder von Tierbesitzern, die ihre Haustiere nicht mehr behalten können, oder sie nehmen Tiere auf, die als Streuner in der Gemeinde gefunden wurden. Einige Tierheime arbeiten mit der örtlichen Tierschutzbehörde zusammen und übernehmen möglicherweise auch Fälle von Tierquälerei und Vernachlässigung.

Tierschutzorganisationen hingegen nehmen in der Regel keine Abgabetiere von Besitzern auf, und wenn doch, dann nur in begrenztem Umfang und von Fall zu Fall. Tierschutzorganisationen haben (in den meisten Fällen) nicht die rechtliche Befugnis, Streuner aufzunehmen, und können bei Bedenken wegen Tierquälerei oder Vernachlässigung in deiner Gemeinde nicht helfen. Sie holen hauptsächlich gefährdete Tiere aus überfüllten Tierheimen und bringen sie aus dieser stressigen Umgebung in ein komfortables Pflegeheim. Der Begriff „gefährdetes Tier" kann je nach Tierheim und aktueller Situation Unterschiedliches bedeuten. Es könnte eine ältere Katze sein, die übersehen wurde, weil sie in einem Käfig Angst hat, oder ein Hund, der zusätzliches Training benötigt, um sich in einem Zuhause zurechtzufinden. Es könnten Katzenwelpen sein, die mit der Flasche gefüttert werden müssen und rund um die Uhr Pflege benötigen. Aufgrund ihrer besonderen Bedürfnisse werden diese Tiere besser im Haus einer Pflegefamilie als in einer Zwingerumgebung betreut. Ich werde in einem anderen Kapitel mehr über die Pflege von Haustieren sprechen.

Sowohl bei Tierheimen als auch bei Tierschutzorganisationen gibt es gibt Vor- und Nachteile bei der Adoption. Hier ist eine Pro- und Kontra-Liste für beide, um dir bei der Entscheidung zu helfen, welcher Weg zur Adoption am besten für dich geeignet ist:

ADOPTION AUS DEM TIERHEIM

Pro	Kontra
Im Tierheim kannst du dir viele Katzen auf einmal anschauen – sie befinden sich alle an einem Ort und nicht über zahlreiche Pflegestellen verteilt.	Manche Tiere im Tierheim haben keinerlei bekannte Vorgeschichte. Wenn die Katze, die dir gefällt, als Streuner ins Heim gekommen ist, lässt sich vorher oft nicht sagen, ob sie sich zum Beispiel mit Hunden versteht.
In den meisten Tierheimen ist eine Adoption am selben Tag möglich: Du kannst vorbeikommen, dir eine Katze aussuchen und sie noch am selben Tag mit nach Hause nehmen.	Für viele Katzen ist das Tierheim eine belastende Umgebung. In Stresssituationen verhalten sie sich oft zurückhaltend oder ängstlich, sodass man ihren echten Charakter schwer einschätzen kann.
In vielen Tierheimen gilt: Wer adoptieren will, ist willkommen. Der Ablauf ist unkompliziert und niemand wird dabei kritisch beäugt – so soll es möglichst leichtfallen, einer Katze ein Zuhause zu geben.	
In der Regel sind die Adoptionsgebühren in Tierheimen niedriger als bei privaten Tierschutzorganisationen.	

ADOPTION ÜBER EINE TIERSCHUTZORGANISATION

Pro	Kontra
Du lernst die Katze in einer natürlichen Umgebung kennen und kannst sehen, wie sie sich verhält, wenn sie entspannt und in einem Zuhause ist. Was du in der Pflegestelle erlebst, entspricht meist viel eher dem Verhalten, das dich später auch in deinem eigenen Zuhause erwartet.	Da du die Katze in einem privaten Zuhause kennenlernst, kannst du immer nur eine Katze auf einmal besuchen. Wenn es mit der ersten nicht funkt, musst du den Vermittlungsprozess erneut beginnen.
Die Pflegestelle kennt deine zukünftige Katze sehr gut – schließlich hat sie mit ihr zusammengelebt! Du kannst all deine Fragen stellen und bekommst ehrliche Antworten, bevor du eine Entscheidung triffst.	Der Adoptionsprozess über eine Tierschutzorganisation kann mehrere Tage oder sogar Wochen dauern. Außerdem stellen sie oft strengere Anforderungen an die zukünftigen Halter als Tierheime.
Tierschutzorganisationen sind meist klein und werden von Ehrenamtlichen geführt. Sie sind auf Adoptionsgebühren angewiesen, um weiterhin Tiere retten zu können. Du kannst also mit einem guten Gefühl adoptieren – denn deine Gebühr hilft direkt dabei, die nächste Katze zu retten.	In der Regel sind die Adoptionsgebühren bei Tierschutzorganisationen höher als in Tierheimen. Das liegt daran, dass sie keine staatliche Unterstützung erhalten – meist sind Adoptionsgebühren und Spenden ihre einzige Einnahmequelle.

Ich habe persönlich von beiden Arten von Organisationen adoptiert, und ich bevorzuge keine gegenüber der anderen. Bei beiden gibt es Katzen zur Adoption, die ein gutes Zuhause brauchen. Es kommt einfach darauf an, was dir wichtig ist: Möchtest du jedes kleine Detail über deine neue Katze wissen, bevor du sie nach Hause bringst? Oder möchtest du die Möglichkeit haben, viele Katzen anzuschauen, bevor du dich für eine entscheidest? Kannst du etwa eine Woche warten, um einen Adoptionsprozess zu durchlaufen, oder möchtest du noch am selben Tag mit einer Katze nach Hause gehen? Beide Optionen sind geeignet, um ein Leben zu retten. In beiden Fällen rettest du tatsächlich zwei Leben: die Katze, die du adoptiert hast, und die Katze, für die jetzt Platz im Tierheim oder in der Tierschutzorganisation geschaffen wurde.

Foto Von
Sampradha Gopalakrishnan

Warum muss ich eine Adoptionsgebühr bezahlen?
Der Mythos vom „kostenlosen Kätzchen"

Du triffst das Kätzchen deiner Träume in seiner Pflegestelle. Alles ist perfekt, du hast all sein Zubehör beisammen und bist bereit, es nach Hause zu bringen. Alles, was noch übrig bleibt, ist die Adoptionsgebühr zu bezahlen. Aber du tust doch eine gute Tat, indem du ein Leben rettest! Und jetzt erwartet die Tierschutzorganisation, dass du ihnen obendrein 100 Euro gibst? Warum?

Ob du es glaubst oder nicht, ich bekomme diese Frage oft gestellt. Adoptionsgebühren können teuer sein, und ich verstehe vollkommen, dass man wissen möchte, warum. Rechne mit Adoptionsgebühren zwischen 0 und 150 Euro für eine Katze oder ein Kätzchen. In Wirklichkeit hat dieses gesunde, übermütige kleine 8 Wochen alte Kätzchen die Tierschutzorganisation jedoch viel mehr als 100 Euro gekostet. In Deutschland leben laut Schätzungen etwa 2 Millionen Streunerkatzen, und viele der Kätzchen in Tierheimen stammen von diesen verwilderten Populationen oder sind Fundtiere. Dein Kätzchen wurde also wahrscheinlich irgendwo draußen aufgelesen oder von überforderten Besitzern abgegeben. Vielleicht wurde seine Mutter von einem Auto angefahren, und es musste mit der Flasche gefüttert werden, um zu überleben. Vielleicht war es nicht ausreichend sozialisiert, weil es in den ersten Wochen seines Lebens keinen Kontakt zu Menschen hatte, und seine Pflegestelle musste Zeit damit verbringen, es an Menschen zu gewöhnen. Das hat nicht nur Zeit und Engagement eines ehrenamtlichen Mitarbeiters in Anspruch genommen, sondern auch Geld für Futter und Pflege des Kätzchens gekostet. Dann gibt es noch die anderen Ausgaben, um Katzen für den Einzug vorzubereiten:

- Flohbehandlung: 12 €
- Entwurmung: 10 €
- Mikrochip: 25 €
- FIV/FELV-Kombitest: 45 €
- Tollwutimpfung: 16 €
- FVRCP-Impfungen (3 insgesamt): 75 €
- Kastration/Sterilisation: 100 €

Das ergibt 283 € pro Kätzchen, 183 € mehr als deine Adoptionsgebühr von 100 €. Darin sind noch keine Kosten enthalten, falls dein Kätzchen an einer Atemwegsinfektion, Bindehautentzündung, Ringelflechte, Ohrmilben,

Darmparasiten oder einer der anderen sehr häufigen Krankheiten litt, die bei draußen geborenen Kätzchen vorkommen. Tierschutzorganisationen verdienen kein Geld an Adoptionsgebühren und erzielen keinen Gewinn. Das bedeutet auch, dass das „kostenlose Kätzchen", das du am Straßenrand aufgelesen hast, in Wirklichkeit viel mehr kosten wird als eines, das du von einer Tierschutzorganisation adoptiert hast! Tierschutzorganisationen sind vollständig auf Spenden angewiesen, um weiter arbeiten zu können, und deine Adoptionsgebühr wird immer wieder in die Versorgung der medizinischen Kosten für das nächste bedürftige Tier fließen. Sei versichert, dass die Adoptionsgebühr einem guten Zweck dient, und deine neue Katze wird jeden Cent wert sein!

Foto Von
Cassie O'Dell

Warum muss ich einen Antrag ausfüllen?

Adoptionsanträge können einschüchternd wirken. Alle Tierschutzorganisationen und Tierheime haben eigene Anträge zum Ausfüllen. Wenn du herumschaust und mehrere Katzen an verschiedenen Orten betrachtest, kann es zeitaufwendig und ermüdend werden.

Tierschutzorganisationen sind private Einrichtungen, was bedeutet, dass sie ihre eigenen Prozesse festlegen können und in der Regel strengere Adoptionsrichtlinien haben. Sie können nach Referenzen fragen und deinen Vermieter anrufen. Sie können einen Nachweis verlangen, dass alle aktuellen Haustiere im Haushalt kastriert und geimpft sind, oder sogar einen Hausbesuch durchführen. Viele Adoptierende können von so viel Kontrolle abgeschreckt werden. Es ist wichtig zu beachten, dass diese Tierschutzorganisationen nur das Beste für das Tier im Sinn haben. Sie wollen absolut sicher sein, dass die nächste Familie, zu der diese Katze kommt, ihre endgültige Familie ist und sie nie wieder missbraucht oder vernachlässigt wird. Ich verstehe jedoch vollkommen die Frustration, die mit einer so gründlichen Prüfung oder sogar einer Ablehnung einhergehen kann. Ich wurde selbst schon einmal von einer Tierschutzorganisation abgelehnt!

Mein Rat ist: Wenn du abgelehnt wirst, keine Antwort erhältst oder der Prozess einfach zu umfassend ist, suche weiter. Besuche ein Tierheim oder suche nach einer Tierschutzorganisation, mit der du reden kannst.

Jemand, der ohne Begründung abgelehnt wird, wird immer wieder Anträge stellen und immer frustrierter werden, bis er möglicherweise ein kostenloses Kätzchen über Kleinanzeigen kauft und dann nicht die notwendige Aufklärung über artgerechte Katzenhaltung erhält. Erkennst du das Problem?

EXPERTENRAT

Sollten neue Besitzer über Tierschutzvereine oder Tierheime adoptieren? Was sind die Vor- und Nachteile und worauf sollten sie achten?

//*Ein Tier von einer Tierschutzorganisation zu bekommen, hat den Vorteil, dass es in einer Pflegestelle untergebracht war – dadurch lassen sich die Gesundheit, Persönlichkeit und das Verhalten umfassend einschätzen. Es gibt keine Nachteile bei der Adoption von einer Tierschutzorganisation. Tierheime haben oft Mitarbeiter, die mit den konkreten Tieren vertraut sind und den Interessenten etwas über die Katzen erzählen können, aber da sie die Tiere nie in einem häuslichen Umfeld gesehen haben, gibt es viele Faktoren, die sie nicht kennen. Es bestehen auch gesundheitliche Risiken bei Tieren aus dem Tierheim, und jeder neue Schützling sollte sofort zu einem Tierarzt gebracht werden.*

JUDE EPSTEIN
Much Love Animal Rescue

//*Tierschutzorganisationen wie unsere lernen die Katze, ihre gesundheitlichen Probleme und ihre Persönlichkeit kennen. Leider können wir uns normalerweise keine Behandlung für komplizierte Gesundheitsprobleme wie Zahnprobleme leisten. Tierheime haben in der Regel einen Tierarzt, der alle gesundheitlichen Probleme behandeln kann, aber die Menge an Tieren, die sie bekommen, begrenzt ihre Fähigkeit, die Persönlichkeit jeder Katze kennenzulernen.*

ANNA SEALS
Central Indiana Foster Cats

//*In vielerlei Hinsicht sind sie ähnlich, es hängt wirklich davon ab, welche Art von Katze du suchst und welche Persönlichkeit sie hat. Eine Tierschutzorganisation hat normalerweise ein intimeres Wissen über die Katze als ein Tierheim, da wir deutlich mehr Zeit mit einzelnen Tieren verbringen, aber Tierheime haben mehr Optionen, da ihre Vermittlungsrate normalerweise höher ist.*

MELISSA SHELTON
Forget-Me-Not Barn Cats

||| WEITER ➡

KAPITEL 2 Tierschutzorganisation, Tierheim oder Privatperson?

//Der Vorteil einer Adoption über eine Tierschutzorganisation ist, dass die meisten ihre Katzen in Pflegefamilien unterbringen. Diese Pflegefamilien können ihre Persönlichkeiten viel besser kennenlernen, als es ein Tierheim könnte. Zum Beispiel können Pflegefamilien potenziellen Adoptierenden mitteilen, ob eine Katze gut mit Kindern oder anderen Tieren zurechtkommt. Tierheime haben solche Informationen einfach nicht. So oder so sind beide Optionen wunderbar!

LESLIE THOMAS
Itty Bitty Kitty Committee

//Wenn ein neuer Besitzer vor der Frage steht, ob er aus einem Tierheim oder von einer Tierschutzorganisation adoptieren soll, gibt es einige Faktoren zu beachten. Wenn Adoptierende einen schnellen Adoptionsprozess suchen, könnte ein Tierheim die bessere Option sein. Bei Tierschutzorganisationen leben die geretteten Tiere typischerweise in den Häusern der ehrenamtlichen Pflegestellen, daher kann es etwas mehr Zeit in Anspruch nehmen, mit der Pflegestelle in Kontakt zu treten, über die Katze/das Kätzchen zu sprechen, um zu sehen, ob es eine gute Übereinstimmung gibt, und dann ein Kennenlernen zu vereinbaren, das sowohl für den potenziellen Adoptierenden als auch für die Pflegestelle passt. Bei der Adoption aus einem Tierheim ist der Prozess, wie erwähnt, schneller, und man hat die Möglichkeit, alle Tiere, die das Tierheim anbietet, bei nur einem Besuch zu sehen. Es ist auch ein berührendes und freudiges Gefühl, ein Tier aus einer manchmal sterilen Tierheimumgebung zu retten. Andererseits besteht der Vorteil bei der Adoption von einer Tierschutzorganisation darin, dass Adoptierende die Persönlichkeit, das Verhalten und die Geschichte des Tieres ausführlich mit der Pflegestelle besprechen können, die tatsächlich mit der Katze oder dem Kätzchen regelmäßig gearbeitet und es versorgt hat. Man erhält deutlich detailliertere Informationen, was den Adoptierenden letztendlich hilft, die richtigen Entscheidungen bei der Adoption zu treffen. Die Adoption aus Tierheimen kann impulsiv sein, während die Adoption von Tierschutzorganisationen Zeit zum Überlegen und Abwägen lässt.

MICHELLE BASS
A Kitten Place, Inc.

//Tierschutzorganisationen leben mit den Tieren, die sie vermitteln, zusammen und können den Adoptierenden daher genau sagen, was für eine Persönlichkeit sie bekommen. Jedes Tier, das von einer Tierschutzorganisation adoptiert wird, hilft, Platz zu schaffen, damit die Organisation ein Tier aus einem lokalen Tierheim aufnehmen kann (wenn sie dieses Programm haben). Ein Tierheim

❚❚ WEITER ➡

kennt die Persönlichkeit des Tieres außerhalb eines Käfigs nicht wirklich.

JULIA MELTON
Summit Animal Rescue Assn.

//*Tierschutzorganisationen und Tierheime dienen beide gleichermaßen wichtigen Zwecken. Oft kann eine Tierschutzorganisation genauere Einzelheiten darüber angeben, wie sich eine Katze in einem Zuhause verhalten wird; Tierschutzorganisationen können die Katze mit anderen Tieren, Kindern, Erwachsenen, Fremden usw. testen. Eine Katze im Tierheim kann sich drastisch anders verhalten als eine Katze in einem Zuhause (also sei nachsichtig, wenn sich eine schüchterne Tierheimkatze nervös verhält!). Der Nachteil einer Tierschutzorganisation ist, dass wir keine Adoptionsplattform haben, da alle unsere Katzen in Pflegefamilien sind, so dass du nicht alle Katzen treffen und dann entscheiden kannst, welche du adoptieren möchtest; du musst dich auf Bilder und Videos verlassen, bevor du einen Antrag ausfüllst. Außerdem arbeiten Tierschutzorganisationen oft ausschließlich mit ehrenamtlichen Mitarbeitern, wenn du also eine Katze spontan adoptieren möchtest, musst du warten, bis die Tierschutzorganisation deinen Antrag genehmigt und einen Termin vereinbart, um die Katze in einer Pflegefamilie zu treffen.*

MICAIAH ROY
Community Cat Advocates Inc.

//*Beide Optionen sind in Ordnung! Solange eine bedürftige Katze eine liebevolle Familie gefunden hat, spielt es wirklich keine Rolle, ob es ein Tierheim oder eine Tierschutzgruppe war, die die Katze vermittelt hat. Tierheimkatzen können mehr gesundheitliche Probleme und Verhaltensprobleme haben, weil sie in einem Käfig oder einer Umgebung mit vielen anderen Katzen gehalten werden. Aber das Positive an Katzen aus einem Tierheim ist, dass sie mit Hunden in Kontakt waren, sodass Familien mit Hunden im Haus oder die einen Hund in die Familie aufnehmen wollen, eine großartige Möglichkeit haben zu sehen, wie eine Katze mit einem Hund zurechtkommt. Katzen aus Tierschutzorganisationen leben typischerweise in Pflegefamilien in einer familiären Umgebung mit weniger Katzen und Stress.*

CHERYL MCMURRAY
Nile Valley Egyptian Foundation Inc.

"Beide bieten viele wunderbare Haustiere, die ein Zuhause suchen. Je nach Region und finanzieller Lage gibt es möglicherweise keine Mittel für tierärztliche Versorgung wie Kastration/Sterilisation oder Impfungen außer Tollwut oder Tests auf FIV und FeLV. Tierheime haben normalerweise sehr wenig Informationen über die Katze, aber die Adoptionsgebühr ist in der Regel niedriger. Eine Tierschutzorganisation sichert mit ihrem Geld, dass die Katze untersucht wird. Sie führt Tests durch und stellt sicher, dass die Katze kastriert oder sterilisiert ist, bevor sie in ihrem neuen Zuhause einzieht. Tierschutzorganisationen verbringen typischerweise mehr Zeit mit der Katze, um eine bessere Vorstellung von Persönlichkeit, Spielniveau und Sozialisierung zu bekommen. Normalerweise kannst du dein aktuelles Haustier zu beiden Orten mitnehmen, um es mit dem neuen zu testen, aber du gehst in einem Tierheim ein höhere Ansteckungsrisiko ein als bei einer Tierschutzorganisation. Beide sind gute Orte für eine Adoption, weil dadurch ein Platz für ein weiteres heimatloses oder vertriebenes Haustier frei wird.

LYNDA STREEPER
Humane Society of Northern Virginia

KAPITEL 3

Die zwei Seiten der Vermittlung

Manchmal suchen wir nicht nach einer neuen Katze, sondern die Katze findet uns. Nach aktuellen Studien stammen etwa 35 Prozent der Hauskatzen in Deutschland aus einem Tierheim oder von einer Tierschutzorganisation - ein beachtlicher Anteil, der die wichtige Rolle des Tierschutzes unterstreicht. Woher kommen die anderen 65 Prozent? Etwa die Hälfte aller Haustierbesitzer erwirbt ihre Tiere direkt von Züchtern. Circa 15 Prozent der Katzen gelangen über „Straßenfunde" oder als Fundtiere zu ihren neuen Familien. Der Rest wird von Freunden, Familie, Privatpersonen oder aus „anderen Quellen" übernommen.

Die Realität in Deutschland zeigt: Tierheime versorgen jährlich rund 400.000 Hunde, Katzen und andere Heimtiere, wobei etwa drei Viertel dieser Tiere erfolgreich vermittelt oder ausgewildert werden können. Gleichzeitig gibt es Millionen freilebende Katzen, die sich unkontrolliert vermehren und oft in die Obhut von Tierschutzorganisationen gelangen. Lass uns über all die möglichen Wege sprechen, wie eine neue Katze den Weg zu dir finden könnte.

Foto Von
Keith Lynch

Foto Von
Summer Spain

Was tun, wenn du eine Streunerkatze oder Kätzchen gefunden hast

Wo ich in Maryland wohne, sieht man hinter jeder Ecke eine, zwei oder drei Freigängerkatzen. Ich habe über die Jahre mehrere allein in meinem Vorgarten gefunden! Kein Wunder, dass es so weit verbreitet ist, dass Menschen Katzen adoptieren, die sie als Streuner gefunden haben.

Es ist wichtig, den Unterschied zwischen einer Streunerkatze und einer echten Freigänger- oder einer verwilderten Katze abzuklären. Mit „Streuner" meine ich eine Katze, die früher in einem Haus gelebt hat und entweder verloren gegangen ist oder absichtlich von ihrem Besitzer draußen zurückgelassen wurde. Um festzustellen, ob eine Katze ein Streuner ist, kannst du auf Folgendes achten:

- **Ist die Katze sauber oder ungepflegt und schmutzig?** Die meisten Menschen nehmen an, dass schmutzige Katzen Freigänger oder verwilderte Katzen sind. Tatsächlich ist es genau umgekehrt! Katzen, die draußen leben, sind clever und mit dem Leben auf der Straße vertraut und wissen, wie sie selbst in einer schmutzigen Umgebung blitzsauber bleiben. Eine Katze, die verloren gegangen ist oder ausgesetzt wurde, weiß nicht, wie sie draußen für sich sorgen soll, daher kann sie schmutzig, dünn, verfilzt oder kränklich aussehen. Echte Freigängerkatzen können in der Regel gut für sich selbst sorgen.

- **Versucht die Katze, ins Haus zu kommen?** Eine Freigängerkatze ist draußen glücklich, egal ob es sonnig und warm oder verschneit und eisig ist. Im Gegensatz dazu versuchen Katzen, die an das Leben im Haus gewöhnt sind, oft, wieder ins Warme zurückzukehren.

- **Ist das Ohr der Katze gekennzeichnet?** In einigen Regionen Deutschlands werden freilebende oder verwilderte Katzen im Rahmen von Kastrationsaktionen eingefangen, kastriert und – sofern sie nicht vermittelbar sind – wieder an ihren angestammten Ort zurückgebracht. In manchen Fällen wird dabei die Spitze eines Ohres (meist des linken) leicht gekürzt, um anzuzeigen, dass die Katze bereits kastriert wurde. Diese Kennzeichnung ist jedoch nicht bundesweit einheitlich geregelt und wird nicht überall praktiziert. Ein fehlendes Ohrstück kann daher ein Hinweis auf eine Kastration im Rahmen eines Tierschutzprojekts sein – muss es aber nicht. Auch Verletzungen oder andere Ursachen sind möglich.

- **Kann die Katze sicher gehandhabt werden?** Dies ist vielleicht der offensichtlichste Indikator: Eine Katze, die verloren gegangen ist oder ausgesetzt wurde, ist typischerweise an menschlichen Umgang gewöhnt und könnte von selbst auf dich zukommen. Eine Katze, die dauerhaft draußen lebt, wird hingegen scheu sein und dich meiden – sie wird daher wahrscheinlich kein guter Hausgast sein. Eine zutrauliche Katze miaut häufiger und trägt ihren Schwanz hoch – ein Zeichen für soziales Verhalten und die Bereitschaft, angesprochen zu werden. Bei Katzen, die entlaufen sind, kommt es vor, dass sie sich an einem

Ort zusammenkauern und sich nicht bewegen. Sie zeigen dann das „Erstarren"-Verhalten aus Angst in einer ungewohnten Umgebung.

Wenn du eine Katze findest, die scheu oder offen aggressiv dir gegenüber ist, sich offensichtlich in ihrer Umgebung wohlfühlt, gepflegt aussieht und eine gekennzeichnete Ohrspitze hat, lass sie in Ruhe. Wenn du ihr das Leben ein bisschen leichter machen willst, kannst du ihr etwas Futter hinstellen und ihr Unterschlupf bieten, besonders bei kaltem Wetter.

Wenn sie kein gekürztes Ohr hat, aber die anderen Kriterien erfüllt, nimm unbedingt Kontakt mit deinem örtlichen Tierheim, einem eingetragenen Tierschutzverein oder dem zuständigen Veterinäramt auf. In Deutschland dürfen Privatpersonen nicht eigenständig Katzen einfangen, kastrieren und wieder freilassen. Solche Maßnahmen müssen zwingend mit den örtlichen Behörden und registrierten Tierschutzorganisationen koordiniert werden. Das eigenmächtige Freilassen einer Katze ohne entsprechende Genehmigung kann rechtlich als Tieraussetzung gewertet werden, was nach dem Tierschutzgesetz strafbar ist. Die professionelle Kastration durch autorisierte Organisationen trägt dazu bei, die Population zu kontrollieren und das Leid der Straßenkatzen zu verringern.

Wenn die Katze zutraulich ist und versucht, ins Haus zu kommen, hast du ein anderes Problem! Herzlichen Glückwunsch, du hast jetzt möglicherweise eine Katze! Aber ganz so einfach ist es dann doch nicht. Wie ich schon früher sagte, könnten diese zahmen Katzen absichtlich ausgesetzt worden sein, aber es ist genauso gut möglich, dass sie jemandes vermisstes Haustier sind. Katzen, die nicht daran gewöhnt sind, allein zu überleben, können draußen schnell zugrunde gehen. Das Leben ist hart, wenn dir nicht zweimal täglich eine Schüssel Trockenfutter serviert wird!

Wenn du eine zutrauliche Katze findest, ist es am besten, sie zunächst ins Haus zu bringen und in ein separates Zimmer zu setzen - das Badezimmer eignet sich gut, da es leicht zu reinigen ist, falls es Flöhe oder Krankheiten gibt oder wenn du keine Ersatzkatzentoilette hast. Halte die Katze von Kindern und allen anderen Haustieren getrennt, bis sie von einem Tierarzt untersucht werden kann. Diese einfache Hilfe für eine Nacht kann wirklich jeder leisten, auch wenn du nicht vorhast, die Katze zu behalten.

Jetzt kannst du damit beginnen, den Besitzer ausfindig zu machen, falls es einen gibt. Erkundige dich sofort bei deinem örtlichen Tierheim über die geltenden Fundtierregelungen. In Deutschland gibt es strenge Vorschriften für Fundtiere. Die meisten Gemeinden haben Verträge mit örtlichen Tierheimen, die als Fundtierstellen fungieren. Du bist rechtlich verpflichtet, das Fundtier zu melden - normalerweise innerhalb von 24-48 Stunden nach dem

Fund.

Das Tierheim kann die Katze auf das Vorhandensein eines Mikrochips untersuchen. Das ist ein winziger Chip in der Größe eines Reiskorns, der normalerweise zwischen den Schulterblättern der Katze unter der Haut implantiert ist. Obwohl der Mikrochip keinen GPS-Tracker enthält, wie manche denken, kann er gescannt werden, um die Informationen über den Besitzer auszulesen, sodass die Katze schnell mit ihrer Familie wiedervereint werden kann. Auch Tierärzte können Katzen auf einen Mikrochip scannen. Tierheime sind darüber hinaus der erste Ort, an dem Menschen normalerweise nach ihren vermissten Haustieren suchen.

Sollte die Katze krank oder verletzt sein und medizinische Versorgung benötigen, sind Tierheime auch dafür ausgestattet. Viele Tierheime haben „Finder-Rückgaberechte", bei denen du das Vorrecht hast, die Katze nach einer gesetzlichen Wartefrist zu adoptieren, falls sich kein Besitzer meldet. Das Tierheim wird die Katze auch kastrieren/sterilisieren, auf Krankheiten testen und impfen - Leistungen, die oft von der Gemeinde mitfinanziert werden.

Kontaktiere unbedingt dein örtliches Tierheim oder das zuständige Ordnungsamt, um herauszufinden, welche Regelungen in deiner Gegend gelten. Die Bestimmungen können zwischen den Bundesländern und sogar zwischen Gemeinden variieren.

Wenn du deine Sorgfaltspflicht erfüllt und entweder die Wartefrist im Tierheim abgeschlossen ist oder sich nach ausführlicher Suche kein Besitzer gemeldet hat, steht es dir frei, deine neue Katze zu behalten! Wenn du eine Fundkatze gefunden hast, sie aber nicht behalten möchtest und lieber selbst eine neue Familie für sie finden möchtest, anstatt sie dauerhaft an ein Tierheim abzugeben (nachdem du versucht hast, den ursprünglichen Besitzer zu finden), lies unbedingt den Abschnitt über Vermittlung weiter unten in diesem Kapitel.

Eine Katze von einem privaten Besitzer übernehmen

Eine andere typische Art und Weise, wie Menschen Katzen erwerben, ist durch Vermittlung, das heißt eine direkte Übergabe vom Zuhause eines vorherigen Besitzers zum Zuhause eines neuen Besitzers. Der Vorbesitzer könnte ein Freund, ein Familienmitglied, ein Nachbar, eine Bekanntschaft in sozialen Medien usw. sein. Es gibt ein paar Dinge, die du wissen solltest, bevor du deine neue Katze bei dir aufnimmst. Zögere nicht, einige oder alle der folgenden Fragen zu stellen:

Gibt es Probleme mit der Katze? Das ist ein Muss. Vielleicht ziehen die Vorbesitzer an einen Ort, wo Haustiere nicht erlaubt sind, oder ihr neues Baby ist allergisch. Aber vielleicht hat die Katze Schwierigkeiten beim Benutzen der Katzentoilette oder zeigt aggressives Verhalten gegenüber Menschen. Ein neuer Katzenbesitzer sollte sich darüber im Klaren sein, ob er diese Herausforderungen annehmen möchte.

Was ist die Vorgeschichte der Katze? Diese Frage umfasst, woher sie die Katze haben, wie lange sie sie schon haben, wie viele vorherige Besitzer sie hatte usw.

An wieviel Bezugspersonen und an was für Lebensumstände ist die Katze gewöhnt? Wenn du drei Hunde und vier Kinder zu Hause hast, die Katze aber bisher als Einzeltier bei einem älteren Paar gelebt hat, ist das vielleicht keine besonders gute Kombination. Solche Katzen fühlen sich meist in einem ruhigen Zuhause am wohlsten und könnten mit all dem Trubel Schwierigkeiten haben.

Wie alt ist die Katze? Ist sie kastriert? Wann war sie zuletzt beim Tierarzt? Das ist eine sehr wichtige Frage. Du bekommst ein Bild von der Gesundheit der Katze und auch eine Vorstellung davon, wie viel du selbst beim Tierarzt ausgeben wirst. Scheue dich nicht zu fragen, ob sie die Katze vor der Übergabe auf den neuesten Stand bei den Impfungen bringen können. Vielleicht sagen sie nein, aber es schadet nicht zu fragen!

Welche Art von Futter, Katzenklo, Spielzeug usw. mag die Katze? Wenn du ihre Vorlieben kennst, machst du es der Katze leichter, sich an ihr neues Zuhause zu gewöhnen.

Es gibt noch mehr Fragen, die du haben könntest, aber dies sind die wesentlichen. Manche Vorbesitzer möchten vielleicht auf dem Laufenden gehalten werden, wie es ihrer Katze geht, oder sie sogar ab und an besuchen – die Frage ist, ob du dich damit wöhlfühlst, besonders wenn die Person ein Fremder ist. Es ist in Ordnung, nein zu sagen. Vielleicht findest du die Gründe für die Abgabe fragwürdig oder würdest mit bestimmten Problemen ganz anders umgehen. Ich findes es wichtig, solche Situationen mit Freundlichkeit anzugehen und zu versuchen, sich ein Urteil zu verkneifen.

Ich erinnere mich immer wieder an eine Geschichte, die ich einmal gehört hatte – von einem Mann, der seine 15-jährige Katze auf eBay Kleinanzeigen weitergegeben hat. Sein Eintrag war kurz und knapp und lautete etwa so: „Ich ziehe um und kann meine Katze nicht mitnehmen. Es bricht mir das Herz, das tun zu müssen, aber ich muss sie abgeben. Ich verschenke sie – ich will nur ein gutes Zuhause für sie." Vielleicht hast du beim Lesen – genau wie ich – erst einmal wütend und verurteilend reagiert. Wie kann dieser Mann seine Seniorkatze wie Müll wegwerfen, nur weil er umzieht? Vielleicht denkst du: „Ich würde eher in meinem Auto leben, bevor ich meine Katze aufgebe." Dieser Mann bekam sogar Morddrohungen. Er erhielt Dutzende von E-Mails, in denen er beschimpft wurde. Schließlich jedoch bekam er eine E-Mail mit einem Hilfsangebot von einer lokalen Tierschutzgruppe.

Bei diesem Mann war eine unheilbare Krankheit diagnostiziert worden. Er hatte seine wunderschöne Katze, seit sie ein Kätzchen gewesen war, und liebte sie von ganzem Herzen. Er bereitete sich darauf vor, in den kommenden Wochen in ein Hospiz zu ziehen. Obwohl er inständig darum bat, durfte er die Katze nicht mitnehmen. Er wollte das Beste für sie und versuchte, das Richtige zu tun, aber die Nachrichten, die er erhielt, ließen ihn sich noch schuldiger fühlen und verzweifeln. Die Tierschutzorganisation erfüllte den letzten Wunsch des Mannes und fand für seine Katze ein wunderbares Zuhause, wobei sie ihren Followern eine Lebenslehre weitergab: Sei einfach freundlich, denn du weißt nie, was Menschen durchmachen.

Bitte behalte diese Geschichte im Hinterkopf, wenn du in sozialen Medien auf Beiträge von Menschen stößt, die sich von ihre Haustieren trennen. Selbst wenn das Verhalten mancher Menschen kritikwürdig ist – Freundlichkeit ist immer der produktivste Weg, einem bedürftigen Tier zu helfen.

Wie man einen Betrug erkennt/Warnzeichen

Eine EU-weite Erhebung, die im Tagesspiegel veröffentlicht wurde, schätzt den illegalen Handel mit Hunden und Katzen auf erschütternde 1,3 Milliarden Euro jährlich – und das ist nur die offiziell bekannte Summe. Die tatsächlichen Zahlen dürften noch weit höher liegen, denn viele Fälle bleiben unentdeckt. Hinter diesen Milliarden verstecken sich unzählige Tiere, die unter grausamen Bedingungen geboren, viel zu früh verkauft und oft krank weitergegeben werden – nur damit skrupellose Händler Profit machen können.

Warnzeichen für einen Betrug sind:

- Es wird darauf bestanden, dass du die Adoptions-/Vermittlungsgebühr im Voraus bezahlst, bevor du das Kätzchen persönlich triffst
- Es gibt nur wenige Fotos, die wie Stockfotos wirken
- Es wird um Zahlung über Western Union oder MoneyGram gebeten

- Es werden Rassekatzen wie Perser, Sphynx oder Bengalen zu einem niedrigen Preis angeboten

- Die Anzeigen weisen eine seltsame Satzstruktur oder schlechte Rechtschreibung/Grammatik auf

Wenn du denkst, dass du es mit Betrügern zu tun haben könntest, ist es am sichersten, darauf zu bestehen, das Kätzchen persönlich zu treffen, bevor du Geld bezahlst. Wenn der „Besitzer" zögert, dir dies zu gewähren, brich den Vorgang ab. Es ist durchaus möglich, einen vierbeinigen Freund auf eBay Kleinanzeigen oder Facebook finden, aber du bist dafür verantwortlich, dabei vorsichtig und sicher zu handeln. Wenn ein Angebot zu gut klingt, um wahr zu sein, ist es wahrscheinlich eine Falle.

Das Problem mit Zoohandlungen

Zum Glück verkaufen nicht mehr viele Zoohandlungen Tiere, aber einige tun es leider immer noch. Damit meine ich nicht Geschäfte wie Fressnapf, Futterhaus und Zoo & Co., die mit lokalen Tierschutzorganisationen zusammenarbeiten, um Tierheimkatzen zur Adoption zu vermitteln. Diese Läden bieten gute Gelegenheiten, um deinen nächsten besten Freund bei einem Besuch kennenzulernen. Ich spreche von Läden, die durch den Verkauf von Tieren aus Zuchtfabriken Profit schlagen.

Bei sogenannten „Vermehrern" werden in Massenzuchten Hunde und Katzen unter schlechten und nicht artgerechten Bedingungen gehalten und vermehrt. Obwohl der Verkauf von Welpen und Kätzchen in deutschen Zoohandlungen mittlerweile verboten ist, stammen viele Tiere aus solchen Massenzuchten in anderen EU-Ländern und gelangen über Online-Plattformen und illegale Kanäle nach Deutschland. Massenzuchten tragen nicht nur stark zum Problem der Haustierüberbevölkerung bei, sondern die Tiere werden wahrscheinlich ihr ganzes Leben lang in Käfigen gehalten und als Waren behandelt, anstatt jemals als Familienmitglieder umsorgt zu werden. Anders als in Qualitätszuchten, wo der Fokus auf der Gesundheit und dem Temperament der Haustiere liegt, zählt in Massenzuchten nur die Menge. Je mehr Kätzchen sie verkaufen können, desto besser.

In Wahrheit lässt es kein verantwortungsvoller Züchter zu, dass seine Kätzchen in einer Zoohandlung verkauft werden, wo es wenig Aufklärung oder Vorprüfung der Käufer gibt. Kätzchen, die zum Verkauf in Zoohandlungen angeboten werden, haben immer eine problematische Herkunft, unabhängig davon, was die Mitarbeiter dir sagen mögen. Bitte kaufe dein Kätzchen nicht, sondern adoptiere eines. Wenn du unbedingt eine Rassekat-

Foto Von
Esther Adams

ze haben musst, wähle einen verantwortungsvollen, qualitativ hochwertigen Züchter und meide um jeden Preis Zoohandlungen, die Kätzchen verkaufen.

Verantwortungsvolle Vermittlung: Wenn es einfach nicht funktioniert

Niemand adoptiert jemals eine Katze oder einen Hund in der Erwartung, dass es nicht funktionieren wird. Die meisten Menschen haben hohe Erwartungen an einen lebenslangen Freund und Begleiter und haben sich in der Regel langfristig vorbereitet. Kaum jemand denkt daran, dass das Leben unerwartete Wendungen nehmen kann und sie möglicherweise eine schwierige Entscheidung zu treffen haben. Für mich persönlich gibt es sehr wenige Gründe, wegen denen ich Menschen verurteile, die ein Haustier abgeben. Es ist nicht in Ordnung, Besitzer zu beschämen, die versuchen, das Beste für ihre Tiere zu tun. Nur weil du etwas anders machen würdest, bedeutet das nicht, dass der Besitzer ein schlechter Mensch ist.

Während ich in einem Tierheim arbeitete, wurde ich mit jedem erdenklichen Grund konfrontiert, wegen dem Haustiere abgegeben werden. Dazu zählten Aggression, Probleme mit der Stubenreinheit, ein neues Baby im Haus oder ein bevorstehender Umzug, Flöhe beim Tier oder die Obdachlosigkeit des Besitzers, häusliche Gewalt – manchmal auch einfach, dass man kein Haustier mehr haben will. Es kommt vor, dass ein bisschen Aufklärung und Unterstützung durch die Bereitstellung von Tierfutter alles ist, was die Besitzer brauchen. Andere Male möchte man einfach die Katze schnappen und ihr sagen, dass jetzt alles in Ordnung sein wird, da sie weg von diesem Menschen ist.

Ich frage mich oft: „Geht es der Katze bei diesem Menschen wirklich besser als in einem neuen Zuhause?" Erwarte ich wirklich, dass der Besitzer einen Hund behält, der drei Menschen gebissen hat? Erwarte ich von der alleinerziehenden Mutter, die gerade zwangsgeräumt wurde, dass sie ihre zwei Katzen mit ihren Kindern in ihrem Auto behält? Nein, und es ist nicht fair, sie mit etwas anderem als Empathie zu behandeln. Ich habe die Geschichte des alten Mannes auf eBay Kleinanzeigen schon einmal erzählt – du erinnerst dich wahrscheinlich. Denk ruhig daran, wenn du jemanden siehst, der seine Katze über soziale Medien zur Adoption anbietet. Du kannst nicht wirklich wissen, was ein Mensch durchmacht. Freundlichkeit hilft sowohl der Katze als auch dem Besitzer; Verurteilung und Beschämung helfen keinem von beiden. Robin Williams sagte: „Jeder, den du triffst, kämpft einen Kampf, von dem du nichts weißt. Sei freundlich. Immer."

Nachdem wir das geklärt haben, kann es nun darum gehen, was passieren sollte, wenn du deine Katze nicht mehr behalten kannst. Der Grund spielt für mich keine Rolle. Was mir wichtig ist, ist, dass du verantwortungsvoll und im besten Interesse der Katze handelst. Das Erste, woran du denken solltest: Wenn du deine Katze aus einem Tierheim oder einer Tierschutzorganisation adoptiert hast, kann die Katze fast immer dorthin zurückkehren. Viele Tierschutzorganisationen haben eine Zeile in ihrem Vertrag, die besagt, dass du die Katze zu ihnen zurückbringen musst. In dem Fall hast du also immer diese Option. Das Problem ist, wenn du deine Katze nicht aus einem Tierheim oder einer Tierschutzorganisation adoptiert hast und sie abgeben musst. Was nun?

Foto Von
Ali Johnson

- Aktualisiere die Impfungen deiner Katze und stelle sicher, dass sie kastriert/sterilisiert ist, bevor du sie zur Vermittlung anbietest. Wenn du dafür sorgst, dass deine Katze gesund ist, bevor sie in ihr neues Zuhause zieht, machst du es dem neuen Besitzer leichter – und erhöhst auch die Chancen, dass jemand sie adoptieren möchte.

- Mache auffällige Fotos und schreibe eine ehrliche, aber ansprechende Biografie. Die meisten Interessenten werden einen Beitrag ohne Foto einfach überspringen. Sorge dafür, dass dein Foto von hoher Qualität ist und die gute Seite deiner Katze zeigt. Erwäge, sie in eine Fliege zu kleiden, wenn sie es toleriert, oder stelle zumindest sicher, dass sie gut gepflegt ist. Dinge, die in deiner Biografie enthalten sein sollten, sind Alter, Kastrations-/Sterilisationsstatus, der Grund für die Vermittlung, ob die Katze gut mit Kindern/Katzen/Hunden auskommt sowie alle medizinischen/Verhaltensprobleme. Vergiss auch nicht, Dinge einzubeziehen, die deine Katze besonders machen. Kennt sie irgendwelche Tricks? Begrüßt sie dich an der Haustür? Hat sie ein Lieblingsspielzeug? Du willst ehrlich sein, aber auch die besten Seiten deiner Katze zeigen, die sie von anderen abheben.

- Du kannst deine Katze auf AdoptaPet.com anbieten. Dort gibt es einen kostenlosen Vermittlungsservice, der dir hilft, auf deine Katze aufmerksam zu machen und potenzielle Adoptierende zu überprüfen! GetYourPet.com hat auch einen ähnlichen Service. Soziale Medien sind auch ein großartiger Ort zum Werben. Du kannst auch altmodische Flyer machen und sie in Cafés und Lebensmittelgeschäften aufhängen. Frage deine Freunde und Familie, ob jemand in der Lage ist, deine Katze aufzunehmen. Frage auch deinen Tierarzt, ob er Ratschläge oder Ressourcen hat.

- Auch wenn oft etwas anderes behauptet wird: Wenn du dein Haustier kostenlos in ein gutes Zuhause abgibst, heißt das nicht automatisch, dass es in schlechte Hände geraten wird. Kostenlos ist nicht schlecht – die Adoptierenden nicht zu überprüfen ist es. Hab keine Angst, potenzielle Adoptierende zu befragen. Warum wollen sie eine Katze? Wie sieht ihr Zuhause aus, und wie ihr Lebensstil beschaffen? Wie werden sie mögliche Verhaltens- oder medizinische Probleme angehen? Können sie persönliche und tierärztliche Referenzen angeben? Wenn du nicht zu 100 Prozent sicher bist, dass diese Person ein besseres Zuhause für deine Katze bieten, als du derzeit in der Lage bist, wechsle zum nächsten Interessenten.

Foto Von Jennifer Cello

- Neben der Vermittlung solltest du auch versuchen, Tierschutzgruppen in deiner Gegend zu kontaktieren, um zu sehen, ob sie dir helfen können. Selbst wenn die Tierschutzorganisation deine Katze nicht aufnehmen kann, kannst du sie darum bitten, deine Katze zur Adoption anzubieten, während sie in deinem Zuhause bleibt. Du kannst eine Liste lokaler Tierschutzorganisationen und Tierheime auf AdoptaPet.com finden.

Sofern das Tierheim, aus dem du deine Katze adoptiert hast, nicht verlangt, dass du die Katze zu ihnen zurückbringst, sollte die Abgabe eines Haustiers an ein Tierheim immer ein letzter Ausweg sein. Tierheime sind von Natur aus belastend für Katzen. Stress kann dazu führen, dass die Katze medizinische oder Verhaltensprobleme entwickelt, die bei dir zu Hause nicht vorhanden waren. Wie bereits besprochen, müssen manchmal selbst Tierheime schwierige Entscheidungen treffen, wenn es um das Thema Einschläferung geht. Manchmal kann selbst die freundlichste Katze bei dir zu Hause eine völlig andere Katze in einem Tierheim sein, weil der Stress, ihr Zuhause zu verlieren und in einen Käfig gesetzt zu werden, dazu führt, dass die Katze ausrastet, aggressiv und zur Gefahr für Mitarbeiter und Freiwillige wird. Das soll dich nicht abschrecken. Ich möchte nur betonen, dass du alles anderen Möglichkeiten ausgeschöpft haben solltest, bevor du ein Tierheim in Betracht ziehst. Denk daran, dass offene Aufnahmeheime verpflichtet sind, jedes Haustier aufzunehmen, das durch ihre Türen kommt, also wenn du deiner Katze das ersparen kannst, ist das am besten für alle!

Foto Von
Lisa Flanery

EXPERTENRAT

Was sollten Besitzer beachten, die Kätzchen über Zeitungsanzeigen oder Bekannte finden, anstatt über Tierheime oder Tierschutzvereine?

//Bei einer Adoption (privat oder anderweitig) solltest du immer nach Tierarzt-unterlagen fragen – wurde die Katze als gesund befunden? Ist die Katze ge-impft? Wurde sie auf häufige Krankheiten getestet? Ist sie kastriert/sterilisiert? Falls die Katze noch nicht beim Tierarzt war, bedenke die Kosten für eine voll-ständige tierärztliche Untersuchung. Eine ‚kostenlose Katze' ist selten wirklich kostenlos. Nimm dir Zeit, die Katze oder das Kätzchen kennenzulernen. Glaubst du, dass die Katze gut zu dir passen wird? Wenn die Katze älter ist, warum geben ihre Besitzer die Katze ab? Falls es Verhaltensprobleme gibt – was wurde bisher unternommen, um das Problem zu lösen?"

LIZ OSTEN
Cat Rescue of Marlborough and Hudson (CaRMaH)

//Eine Adoption über vertrauenswürdige Freunde oder Familienmitglieder kann gut funktionieren, da verlässliche Informationen zum Gesundheits-zustand der Katze meist vorliegen. Allerdings sollten Adoptierende vermeiden, von Züchtern zu kaufen oder nach Kätzchen in Zeitungs- oder Online-Anzei-gen zu suchen, da die Inserenten skrupellos sein könnten (und es oft auch sind) und nur auf finanziellen Gewinn aus sind – ohne Rücksicht auf die Ge-sundheit und das Wohlbefinden der Katze. Außerdem bieten solche Quellen selten Kastration oder Sterilisation, Impfungen, Behandlung gegen Parasiten oder andere grundlegende medizinische Versorgung an. Die Kosten für all diese Maßnahmenträgt in der Regel der Adoptierende. Ein gefährliches und herzzerreißendes Ergebnis der Nutzung einer unbekannten oder skrupellosen Quelle für Kätzchen ist oft ein krankes oder behindertes Tier, das das Erwach-senenalter nicht erreicht."

ROSEMARY TOROK
Community Cat Companions

//Tiere, die über Freunde, Familie oder unbekannte Personen im Internet vermittelt werden, sind häufig nicht tierärztlich untersucht oder geimpft. Zudem sollte hinterfragt werden, warum es überhaupt Kätzchen gibt. Gibt es eine Mutterkatze, die nicht sterilisiert ist und weiterhin Junge bekommen wird? In diesem Fal bleibt das zugrundeliegende Problem bestehen – deine Adoption ändert daran nichts. Wenn ich Anfragen zur Aufnahme von Kätzchen bekomme, frage ich normalerweise, ob die Mutter noch lebt und bei dem Besitzer ist. Abgesehen davon ist es am wichtigsten, das Kätzchen so schnell wie möglich zu einem Tierarzt zu bringen, um sicherzustellen, dass es gesund ist."

MELISSA SHELTON
Forget-Me-Not Barn Cats

//Die Adoption eines Kätzchens über private oder informaelle Wege ist nicht grundsätzlich problematisch. Häufig fehlt jedoch ein verlässlicher Nachweis über den Gesundheitszustand des Tieres. Wer sich dafür entscheidet, ein Kätzchen nicht über ein Tierheim oder eine Tierschutzorganisation zu adoptieren, sollte es so bald wie möglich von einem Tierarzt untersuchen lassen."

LARRY KACMARCIK
Blue Moon Cat Sanctuary

//Achte darauf, vor der Übernahme nach tierärztlichen Unterlagen zu fragen, und bitte um möglichst detaillierte Informationen über alle bisherigen medizinischen Behandlungen der Katze. Sei dir auch bewusst, dass du möglicherweise nicht die ganze Wahrheit über ihre Persönlichkeit, Vorgeschichte und frühere Erfahrungen erfährst. Geduld und Verständnis während der Eingewöhnungsphase sind daher besonders wichtig."

EMILY REICH
Cat Around Town Project

//Kleinanzeigen und informelle Vermittlungen sind oft mit Unsicherheiten verbunden. Die Katzen stammen nicht selten aus schlechter Haltung und sind möglicherweise krank oder oder von Würmern und Flöhen befallen. Gerade deshalb haben diese Katzen ein gutes Zuhause und eine umfassende medizinische Versorgung verdient – auch wenn ihr Gesundheitszustand zunächst fraglich ist."

OLIVIA NAGEL
Crystal Creek Rettung

"Bei Kätzchen, die online gekauft oder kostenlos abgegeben werden, ist besondere Vorsicht geboten. Sie sind häufig weder kastriert/sterilisiert, noch entwurmt oder geimpft – was gefährliche Krankheitserreger in dein Zuhause bringen und das Leben oder die Gesundheit deiner anderen Tiere gefährden könnte. Du riskierst auch, dass es zu ungewollter Fortpflanzung kommt. Wer eine Katze auf privatem Wege bekommt, sollte sie so bald wie möglich tierärztlich untersuchen und kastrieren/sterilisieren lassen. Bei der Adoption über eine Tierschutzorganisation oder ein Tierheim ist das Tier in der Regel bereits von einem Tierarzt untersucht und freigegeben, kastriert, entwurmt und altersgerecht geimpft."

KATIE RIDLINGTON
AK Cat and Dog Rescue

"Ein Kätzchen aus anderen Quellen außer Tierheim oder einer Tierschutzorganisation aufzunehmen, hilft zu verhindern, dass ein weiteres Tier obdachlos wird. Worauf du jedoch achten solltest, sind alle Anzeichen einer möglchen Krankheit, wie z. B. wässrige oder verklebte Augen, Husten und häufiges Niesen. Wie alt ist das Kätzchen? Ist es alt genug, um von der Mutter getrennt zu leben, was typischerweise acht bis zehn Wochen sein sollten? Kätzchen werden oft nicht geimpft, daher besteht das Risiko, dass sie vor der Impfung eine Krankheit bekommen. Viele werden auch nicht entwurmt. Ein Tierarztbesuch ist daher unerlässlich, wenn wenn ein neues Kätzchen ins Haus kommt – unabhängig davon, ob es von privat stammt oder aus einem Tierheim."

LYNDA STREEPER
Humane Society of Northern Virginia

"Es ist kein Problem, ein Kätzchen auf diese Weise zu adoptieren. Kümmere dich aber darum, dass das Tier umfassend tierärztlich untersucht wird. Beachte, dass kostenlose Kätzchen in der Regel ungeimpfte Kätzchen sind. Tierarztbesuche können ziemlich teuer werden. Viele der kostenlosen Kätzchen sind auch von Parasiten befallen, die für junge Tiere tödlich sein können und gegen die unbedingt vorgegangen werden muss. Solange der Besitzer die tierärztliche Versorgung im Auge behält, haben auch diese Kätzchen ein Zuhause verdient"

KELLI GRAZIANO
The Kitten Nursery

KAPITEL 4

Eine Katze zur Pflege aufnehmen

Was, wenn du Katzen wirklich magst, aber weißt, dass du nächstes Jahr umziehen musst? Was, wenn es finanziel nicht zum Besten steht bei dir und du dir Sorgen wegen möglicher Tierarztkosten machst? Vielleicht meinst du, deine jetzige Katze könnte einen Freund gebrauchen, bist dir aber nicht ganz sicher. Oder du möchtest einfach heimatlosen Katzen in Not helfen und hast ein freies Zimmer! All das sind gute Gründe, eine Pflegestelle zu übernehmen. Als Pflegestelle kümmerst du dich vorübergehend um Katzen oder Kätzchen, die auf ihr endgültiges Zuhause warten. Du kannst eine Katze für Tage, Wochen oder Monate bei dir aufnehmen. Es kommt ganz darauf an!

Foto Von
Lisa Flanery

Als Pflegestelle rettest du zwei Leben: das der Katze, die du vor einem Käfig im Tierheim bewahrst, und das der Katze, die nun den Platz im Tierheim einnehmen kann, den du durch deine Pflegestellentätigkeit freigemacht hast.

Warum werden Pflegestellen benötigt?

Inzwischen weißt du schon, dass ein Tierheim kein guter Ort für eine Katze ist. Nach nur 30 Tagen im Tierheim können Katzen dauerhafte psychische Schäden entwickeln, weil sie in einer belastenden, unnatürlichen Umgebung gehalten werden. Aber was ist die Lösung, wenn sich keine Adoptanten melden? Es ist nicht artgerecht, Tiere über längere Zeit in Käfigen zu halten. Was, wenn die Katze krank wird oder mit einer Verletzung ins Tierheim kommt und Zeit zum Heilen braucht? Was machen Tierheime mit Katzen, die wegen Verhaltensproblemen wie Unsauberkeit abgegeben wurden? Natürlich will diese niemand adoptieren!

Die Lösung ist einfach: Pflegestellen. Wenn du einen Tierheimmitarbeiter oder einen Tierschutzhelfer fragst, was ihre Organisation am dringendsten braucht, werden sie nicht Geld sagen. Sie werden sagen: Pflegestellen. Menschen, die bereit sind, ihr Zuhause für eine bedürftige Katze zu öffnen, sei es kurz- oder langfristig, gibt es überraschend selten.

Wie werde ich eine Pflegestelle?

Pflegestellen werden von Katzen aller Art gebraucht. Du könntest alles aufnehmen: von neugeborenen Kätzchen, die mit der Flasche gefüttert werden müssen, über Katzen mit medizinischen oder Verhaltensproblemen, bis hin zu Seniorkatzen oder scheuen und ängstlichen Katzen. Die Wahl liegt bei dir. Die meisten Tierheime und alle Tierschutzorganisationen suchen Pflegestellen. Ich empfehle, ein wenig über Tierheime oder Tierschutzgruppen in deiner Nähe zu recherchieren. Lies Google- und Facebook-Bewertungen, schau sie dir an, wenn sie einen physischen Standort haben, und frage herum, ob jemand, den du kennst, schon mit ihnen zusammengearbeitet hat. Wenn sie dir zusagen, nimm Kontakt auf. Einige Organisationen haben Pflegestellenanträge direkt auf ihrer Website. Andere möchten, dass du anrufst oder eine E-Mail schreibst und ein Gespräch führst. Jede einzelne Tierschutzorganisation und jedes Tierheim braucht Pflegestellen. Sie können nie genug haben.

Es ist wichtig zu wissen, dass jede seriöse Organisation alle medizinischen Kosten übernimmt. Du solltest keinen Cent für Tierarztkosten zahlen

Foto Von
Heather Greenberg

müssen. Es variiert je nach Organisation, aber die meisten Gruppen stellen dir auch alle notwendigen Materialien für deine Pflegekatze zur Verfügung. Andere verlangen, dass du dein eigenes Futter, Katzenklo usw. bereitstellst, aber die meisten helfen dir, wenn du danach fragst. Du solltest auch wählen können, welche Art von Katzen du aufnehmen möchtest. Wenn du nur kurzfristig helfen kannst, sag es ihnen. Wenn dein Zeitplan es nicht zulässt, Flaschenbabys alle zwei Stunden zu füttern, lass sie das wissen. Sie sollten in der Lage sein, dir eine Katze zu vermitteln, die deinen Anforderungen entspricht.

Nachdem du deine Organisation gefunden und deine neue Pflegekatze ausgesucht hast, musst du einen Pflegeplatz einrichten. Es wird dringend empfohlen, deine Pflegekatze mindestens zwei Wochen von anderen Haustieren fernzuhalten, um die Ausbreitung von Krankheiten zu verhindern und der Katze die Eingewöhnung in dein Zuhause zu ermöglichen. Die meisten Menschen nutzen ein Gästezimmer, aber du kannst sogar ein Badezimmer verwenden! Ich sage immer: „Wenn du ein Badezimmer in deinem Haus hast, kannst du eine Katze aufnehmen." Selbst wenn du dich schlecht dabei fühlst, eine Katze für ein paar Wochen in deinem Badezimmer einzusperren – es ist immer noch besser als ein Käfig, und sie erhält mehrmals täglich individuelle Pflege und Aufmerksamkeit.

Ein guter Pflegeplatz hat alles, was die Katze braucht: Futter, Wasser, Katzenklo, Spielzeug, ein Bett und das Wichtigste: einen Platz zum Verstecken.

Versteckmöglichkeiten werden von neuen Pflegestellen oft übersehen, sind aber absolut notwendig. Deshalb hört man oft von Katzen, die sich hinter der Toilette, unter dem Bett oder sogar in Wänden und Decken verstecken, wenn sie zum ersten Mal nach Hause gebracht werden. All das kann verhindert werden, indem man ihnen einen geeigneten Platz zum Verstecken gibt. Das könnte ein überdachtes Bett, eine Transportbox oder sogar eine einfache Schachtel sein. Tatsächlich fand eine Studie

FUNFACT
Die Bedeutung der Kastration

Mit schätzungsweise 2 Millionen Streunerkatzen in Deutschland ist es wichtiger denn je, Katzen kastrieren zu lassen. Weibliche Katzen können etwa drei Würfe pro Jahr haben und durchschnittlich 12 Kätzchen jährlich zur Welt bringen. Mit neun Monaten erreichen die meisten weiblichen Katzen die Geschlechtsreife und können bereits Nachwuchs bekommen.

aus dem Jahr 2014 heraus, dass Katzen, denen eine Pappschachtel zum Verstecken gegeben wurde, sich schneller erholen konnten, wenn sie in eine neue Umgebung gebracht wurden, im Vergleich zu Katzen ohne Versteckbox. Alles in allem solltest du deiner Katze einen komfortablen Raum bieten, in dem sie Zeit hat, sich einzugewöhnen, bevor du sie dem Rest deines Hauses und möglicherweise anderen Tieren vorstellst. Langsame Eingewöhnungen werden im nächsten Kapitel ausführlicher behandelt.

Fragen an die Tierschutzorganisation oder das Tierheim

Du hast dich nun entschieden, einer Pflegekatze ein Zuhause auf Zeit zu schenken. Du hast einen Pflegeraum eingerichtet und weißt, dass du es mit einem Wurf Kätzchen versuchen möchtest. Aber wahrscheinlich hast du noch eine Menge Fragen. Eine seriöse Tierschutzorganisation oder ein Tierheim wird sie alle beantworten können!

- **Für welche Kosten bin ich verantwortlich?** Manche Organisationen bezahlen alles von Streu bis Futter und medizinische Versorgung, aber manche auch nicht. Zumindesten solltest du nicht für medizinische Kosten aufkommen müssen. Wenn eine Tierschutzorganisation von dir verlangt, für routinemäßige tierärztliche Versorgung deiner Pflegekatze wie Flohbehandlungen oder Impfungen aufzukommen, suche dir eine andere!

- **Wie läuft der Adoptionsprozess ab?** Du wirst dich an deine Pflegekatze gewöhnen. Das ist selbstverständlich! Daher solltest du sicherstellen, dass die Organisation einen guten Vermittlungsprozess hat, damit du weißt, dass dein Kätzchen in ein gutes Zuhause kommt. Schau dir den Adoptionsantrag an und sieh nach, was er alles enthält. Werden persönliche und tierärztliche Referenzen überprüft? Aus welchen Gründen werden Bewerber abgelehnt? Kommen die Adoptierenden zu dir nach Hause, um die Katze vor der Adoption zu sehen? Es ist wichtig, dass du diesen Ablauf kennst und damit einverstanden bist.

- **Was ist in der Adoptionsgebühr meiner Katze enthalten?** Jede seriöse Tierschutzorganisation wird dafür sorgen, dass die Katze kastriert bzw. sterilisiert und mit allen Impfungen versorgt wird, auf FIV und FELV getestet wird und mindestens am Tag der Adoption mit einem Mikrochip versehen wird. Die Vermittlung von Katzen ohne Kastration oder Sterilisation sollte dich stutzig machen.

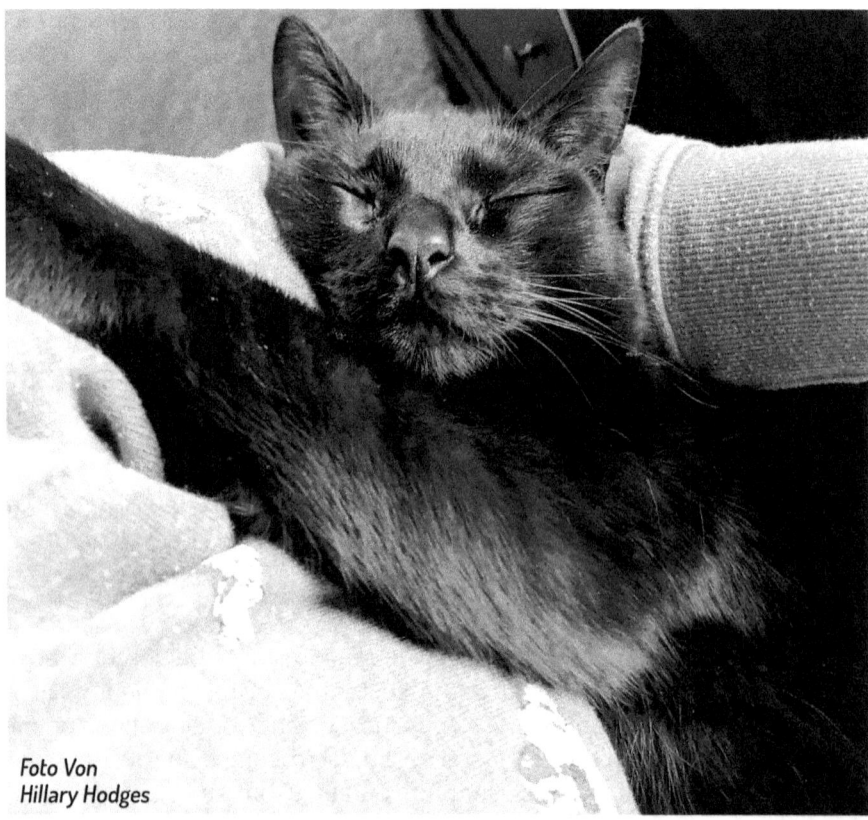

Foto Von
Hillary Hodges

- **Was passiert, wenn ich mich nicht mehr um die Katze kümmern kann?** Gibt es Ersatzpflegestellen und Unterbringungsmöglichkeiten im Notfall? Ich habe z. B. von einer Tierschutzorganisation gehört, die von Pflegestellen verlangte, im Notfall die Unterbringung aus eigener Tasche zu bezahlen, wenn sie das Pflegetier nicht mehr behalten konnten. Das ist definitiv nicht die Norm und für mich ein klarer Grund, die Zusammenarbeit abzulehnen!

- **Was mache ich im medizinischen Notfall?** Es gibt Unglücksfälle und Unfälle. Ich selbst habe viele Stunden in Notfallpraxen mit meinen Pflegekatzen verbracht, wegen verschiedener Problem: angefangen von Anfällen über Atemnot bis hin zu schweren Verletzungen. Weißt du, wie du Kontakt mit der Organisation aufnimmst, falls die Katze eine Notfallbehandlung benötigt? Wie ist der Ablauf?

- **Wird sonst noch etwas von mir erwartet?** Wird von dir erwartet, dass du selbst passende Adoptanten findest? Musst du selbst die Bewerbungen prüfen, oder macht das ein anderer Ehrenamtlicher? Musst du die Katzen zu Vermittlungsveranstaltungen bringen? Wird von dir erwartet, dass du die Katze zu ihren Tierarztterminen bringst? Es ist immer gut, im Voraus zu wissen, wie dein Zeitaufwand insgesamt – außer der reinen Unterbringung der Katze in deinem Zuhause – aussehen wird.

- **Was passiert, wenn ich meine Pflegekatze behalten möchte?** Wenn du selbst die Katze am Ende adoptierst, nennt man das „Pflegeversagen", auch wenn es normal und fast zu erwarten ist. Das Ziel ist zwar immer die Vermittlung, aber es gibt eben Katzen, von denen du dich einfach nicht trennen kannst, egal wie erfahren du als Pflegestelle bist. Einige Organisationen stellen Regeln gegen das Pflegeversagen auf. Das ist zum Beispiel oft bei der ersten Pflegeaufnahme der Fall und dient dazu, Menschen davon abzuhalten, die Pflegestellentätigkeit als „Probelauf" vor der Adoption zu nutzen. Stelle sicher, dass du die Richtlinien der Organisation kennst, bevor du dich verliebst.

Eine gute Tierschutzorganisation wird freundlich und unterstützend gegenüber Pflegestellen sein. Sie sollte leicht zu erreichen sein und gerne Fragen beantworten und bei Problemen helfen. Es ist völlig in Ordnung, erst einmal verschiedene Organisationen kennenzulernen, bevor du die findest, bei der du dich wirklich wohlfühlst. Die Arbeit als Pflegestelle ist unglaublich erfüllend – und sie sollte dir Spaß machen, leicht in deinen Alltag passen und dir zeigen, dass du Teil von etwas Größerem bist: einem Team, das gemeinsam Katzen hilft. Wenn du nicht dieses Gefühl hast, such dir eine andere Organisation!

Foto Von
Jennifer Ryan

Ist es nicht schwer, sie wieder abzugeben?

Der häufigste Grund, warum viele zögern, Pflegestelle werden können, ist: Sie glauben,sie könnten das Tier am Ende nicht wieder abgeben. Wie kannst du dieses kleine Kätzchen, das du von Geburt an aufgezogen hast, weggeben? Oder diese ältere Katze mit gesundheitlichen Problemen, die du wieder gesund gepflegt hast? Wenn du denkst, dass du dich zu sehr binden wirst, ist die kurze Antwort: Das wirst du definitiv. Du entwickelst eine beson- dere Bindung zu jeder einzelnen Katze. Auch wenn ich nachvollziehen kann, wie schwer die Trennung fällt, solltest du dich davon nicht abhalten lassen.

Wenn du deine Pflegekatze bei dir aufnimmt, denk daran: Das ist nur ein Zwischenstopp auf ihrem Weg in ein neues, glückliches Leben. Du bist der Grund, warum diese Katze nie wieder um ihre nächste Mahlzeit bangen oder unter Vernachlässigung leiden muss. Vielleicht gelingt es dir, Probleme mit dem Katzenklo zu lösen, die der Grund dafür waren, dass die Katze vorher abgegeben wurde, und jetzt kannst du den neuen Besitzer anleiten, was er dabei zu beachten hat. Du hast etwas Wundervolles bewirkt, was das Leben dieser Katze für immer verändert hat. Dank dir ist sie nun an dem Punkt angelangt, an dem sie für das nächste Kapitel ist.

Ich kann dir aus Erfahrung sagen: Das erste Mal wird schwer sein. Aber wenn du deine Pflegekatze an eine liebevolle neue Familie übergibst, wird es sich lohnen. Wenn du eine Woche später das erste Update mit Fotos der Katze in einem großen flauschigen Bett, umgeben von Spielzeug, bekommst, wirst du ein Gefühl der Erfüllung und des Stolzes verspüren, ähnlich wie stolze Eltern, die ihr Kind zum ersten Mal in den Kindergarten schicken. Es ist in Ordnung, traurig zu sein. Inzwischen habe ich über 150 Katzen und Kätzchen aufgenommen. Es gab definitiv einige, bei denen ich geweint habe, aber bei den meisten war ich glücklich, sie an Familien übergeben zu können, die sie genauso lieben wie ich.

Wenn du wirklich unsicher bist, ob du in der Lage sein wirst, eine Pflegekatze abzugeben, gibt es, wie bereits erwähnt, immer das „Pflegeversagen". Aber du kannst nicht alle behalten! Versuch es einfach, denn das Schlimmste, was passieren könnte, wäre, dass du die Katze behältst. Du brauchst nicht viel Platz, um eine Pflegestelle zu sein. Du brauchst nicht viel Zeit. Alles, was du brauchst, ist ein Badezimmer, um Großes im Leben einer Katze zu bewirken.

Foto Von
Cassie O'Dell

EXPERTENRAT

Ist Pflegestelle eine gute Option für neue Besitzer?

Ja, eine Pflegestelle zu übernehmen ist ein toller Weg, um ein neues Familienmitglied zu finden. Der Nachteil bei der Pflegeaufnahme ist, dass die Tierschutzorganisation oder das Tierheim erwartet, dass die Katze zurückgegeben wird, wenn du oder die Kinder euch bereits an sie gebunden habt. Das kann herzzerreißend sein, wenn es Zeit wird, die Katze an ihre neue Familie abzugeben. Insgesamt ist die Pflegeaufnahme jedoch eine großartige Option für alle Beteiligten, solange die Bedingungen für alle Parteien klar verständlich sind. Und es ist sehr erfüllend, eine Katze zu betreuen, die vom Pech verfolgt war, bis die endgültige Familie kommt, um sie nach Hause zu holen.

CHERYL MCMURRAY
Nile Valley Egyptian Foundation Inc.

Wenn Sie ausschließlich adoptieren möchten, ist es am besten, direkt zu adoptieren. Pflegestellen bringen deutlich mehr Aufwand mit sich, abhängig von den gesetzlichen Vorgaben des jeweiligen Bundesstaates. In Georgia zum Beispiel müssen Pflegestellen zweimal jährlich Hausbesuche absolvieren und zusätzliche Formulare ausfüllen. Wir bieten auch Schulungen für Pflegestellen an, und die Pflegeperson ist stark in die Vermittlung des Tieres eingebunden, etwa bei der Vermarktung und im Kontakt mit potenziellen Adoptanten. Wenn Sie sich jedoch nicht sicher sind, ob Sie bereit für ein eigenes Haustier sind, ist die Pflegschaft eine hervorragende Möglichkeit, den Alltag mit einem Tier kennenzulernen – ganz ohne langfristige Verpflichtung. Und dabei retten Sie gleichzeitig ein Leben!

KIM KAY
Angels Among Us Pet Rescue

Das kann eine Win-Win-Situation für Tierheime sein, die Pflegestellen benötigen. Oft adoptieren die Pflegestellen eine oder zwei ihrer Pflegekatzen. Wir nennen das „Pflegeversagen", obwohl es eigentlich prima ist.

CINDI CLUM
Cozy Cat Cottage Adoption Center

57

//*Auf jeden Fall! Eine Pflegestelle zu übernehmen ist immer das Beste aus beiden Welten. Das gibt potenziellen Besitzern die Möglichkeit, erste Erfahrungen mit der Katzenhaltung – und oft entsteht dabei schon eine enge Bindung. Wenn die potenziellen Besitzer feststellen, dass es nicht passt oder sie noch nicht bereit für eine Katze sind, ist das völlig in Ordnung, da noch keine Adoption abgeschlossen wurde!*

ELIZABETH FUDGE
Companion Animal Alliance

//*In unserem Tierschutzverein ist die Pflegeaufnahme für neue Besitzer typischerweise keine gute Option. Unsere Katzen, die zur Adoption bereit sind – die „einfachen" Katzen – können direkt aus unserem Vermittlungszentrum oder von einer Pflegestelle adoptiert werden. Das lässt folgende Katzen für eine Pflegestelle übrig:*

- *junge Kätzchen (Sie sind niedlich, machen aber auch viel mehr Arbeit, als die meisten Menschen sich vorstellen.)*
- *Katzen mit Verhaltensauffälligkeiten – besonders Katzen, die ängstlich oder scheu sind*
- *Katzen mit gesundheitlichen Problemen, die in einer häuslichen Umgebung versorgt werden müssen.*

Keine dieser Situationen eignet sich ideal für neue Katzenbesitzer, die sich nicht sicher sind, ob sie eine Katze versorgen wollen oder können. In diesen Fällen empfehlen wir, wenn jemand etwas Übung haben möchte, ehrenamtlich mitzuhelfen. Ehrenamtliche können sich direkt um Katzen kümmern, und die Katzen bekommen Aufmerksamkeit und Anregung. Alle gewinnen. Alternativ empfehlen wir neuen Besitzern, einfach zu adoptieren! Wir bieten Unterstützung und beantworten Fragen sowohl vor als auch nach der Adoption. Wir haben noch nie eine Katze zurückbekommen, weil jemand adoptiert hat und dann feststellte, dass es doch nicht passte.

LIZ OSTEN
Cat Rescue of Marlborough and Hudson (CaRMaH)

// Ja! Machst du eine Probefahrt mit einem Auto, bevor du es kaufst? Natürlich machst du das. Außerdem, wenn die Katze, die du betreust, nicht zu deiner Familie passt, hast du trotzdem etwas Großartiges getan! Du hast dich um die Katze gekümmert, bis sie die richtige Familie für sich gefunden hat!

LINDA DIAMOND
SoBe Cats Spay & Neuter, Inc

// Ja, sie können einen Probelauf in ihrem Zuhause und ihrer Familie haben – eine gute Idee für Menschen mit Kindern und anderen Haustieren, um festzustellen, ob alle miteinander auskommen und niemand allergisch ist.

DJ SAKATA
Hawaii Cat Foundation

// Ich persönlich finde, dass die Übernahme einer Pflegestelle gut geeignet ist, um herauszufinden, ob das Leben mit einer Katze das Richtige für dich ist. Es bietet der Pflegeperson eine kurzfristige Verpflichtung, aber nicht lebenslang wie bei einer vollständigen Adoption. Wenn du zum ersten Mal als Pflegestelle eine Katze aufnimmst, ist ein älteres Kätzchen, eine erwachsene Katze oder ein eingespieltes Erwachsenenpaar am besten geeignet. Es gibt dir eine wunderbare Erfahrung mit einer Katze, ohne die Schwierigkeiten, die mit Neugeborenen, ganzen Familien oder kranken oder verletzten Tieren verbunden sind. Obwohl diese Erfahrungen sehr lohnend sein können, können sie emotional und körperlich belastend sein, und sie werden für einen Erstbesitzer nicht empfohlen. Die Pflegeaufnahme gibt dir auch eine Vielzahl von Erfahrungen mit Katzen unterschiedlicher Persönlichkeiten und Aktivitätsniveaus. Der schwierigste Teil der Pflegeaufnahme ist der Abschied, aber das ist auch der Moment, in dem du spürst, wie wertvoll deine Hilfe wirklich gewesen ist.

KATIE JOHNSON
Actually Rescuing Cats

// Eine Pflegestelle zu übernehmen ist eine sehr gute Sache! Wenn du noch nie eine Katze besessen hast, kann die Pflegeaufnahme ein guter Weg sein, um herauszufinden, ob du mit der Verantwortung für ein oder zwei Kätzchen umgehen kannst! Du solltest viel Unterstützung von der Tierschutzorganisation oder dem Tierheim bekommen, für das du als Pflegestelle tätig bist. So kannst du ihnen Fragen stellen und direkt von den Experten über das beste Futter, die besten Spielzeuge zur Beschäftigung und die besten Wege, eine Bindung

zu Katzen aufzubauen, lernen. Wir hatten Adoptiveltern, die sich nach der Adoption bei uns als Pflegestelle angemeldet haben, und wir hatten auch Pflegestellen, die eines oder zwei ihrer Pflegekätzchen adoptiert haben. Es ist eine so angenehme Erfahrung, erfüllt mit Dankbarkeit für die Rettung von Leben und der Liebe, die die Kätzchen dir geben. Selbst wenn du dich entscheidest, die Kätzchen von anderen adoptieren zu lassen, hast du trotzdem eine große Rolle bei der Rettung ihres Lebens gespielt. Als Tierschutzorganisation können wir ohne Pflegestellen nicht arbeiten!

AMANDA HODDER
Kitten Rescue Life

"*Die meisten Tierschutzorganisationen suchen dringend nach Pflegefamilien. Einmalige Pflegesituationen sind schwer zu vermitteln, da Einarbeitung und Schulung zeitaufwändig und teuer sind und sich nur für Pflegestellen lohnen, die langfristig Tiere betreuen. Allerdings nehmen alle seriösen Tierschutzorganisationen eine adoptierte Katze jederzeit und aus jedem Grund zurück! Die meisten Tierschutzorganisationen haben in ihrem Vertrag stehen, dass, wenn der Adoptierende die Katze nicht behalten kann, sie zur Tierschutzorganisation zurückgebracht werden muss und nicht verschenkt, nach draußen gesetzt oder ins Tierheim gebracht werden darf.*

CORI LYNN STANLEY
Averting CAT-astrophe

"*Wir empfehlen die Übernahme einer Pflegestelle normalerweise nicht für jemanden, der noch nie eine Katze versorgt hat. Wir bieten unseren Pflegestellen umfassende Schulungen zur täglichen Pflege, zum Verhalten und zur Gesundheit sowie Versorgungsmaterial und kontinuierliche Unterstützung. Trotzdem kann jemand, der zum ersten Mal eine Katze betreutfrustriert sein, wenn nicht alles perfekt läuft, was zu Verärgerung bei der Person und Unruhe für die Katze führt. Eine erfahrene Pflegestelle ist viel besser ausgestattet, um mit Überraschungen wie einer Katze, die rollig ist, oder Verhaltensproblemen wie dem Zerkratzen von Möbeln oder Problemen mit der Katzentoilette umzugehen. Stabilität muss für Katzen in Pflegestellen absolute Priorität haben, damit sie nicht von einem Ort zum anderen geschoben werden. Sie sollten nur dann in ein neues Zuhause kommen, wenn es für immer ist.*

ROSEMARY TOROK
Community Cat Companions

KAPITEL 5

Wenn deine Mieze bei dir einzieht

Inzwischen weißt du bereits gut Bescheid, wie du eine Katze findest, die zu deinem Lebensstil passt. Du weißt, ob du sie in einem Tierheim suchen wirst, ob es eine gute Idee ist, die Nachbarskatze ins Haus zu holen, oder ob du über eine Tierschutzorganisation eine Pflegestelle übernimmst. Was kommt als Nächstes?

Welche Ausstattung brauche ich?

Wenn du noch nie eine Katze hattest, kann es überfordernd sein, durch die Gänge im Zoofachgeschäft zu laufen. Es gibt so viel zur Auswahl! Welche Art von Katzentoilette brauchst du? Wie viele? Welches Futter? Welches Spielzeug? Ich habe eine Liste mit den „Basics" zusammengestellt, die du unbedingt haben solltest, bevor du deine neue Katze nach Hause holst. Wenn es möglich ist, frage auch im Tierheim, beim Vorbesitzer oder der Pflegestelle nach, woran deine Katze gewöhnt ist und was sie für Vorlieben hat.

- **Eine schlichte, langweilige Katzentoilette:** Nein, du brauchst keinen teuren Litter-Robot. Auch die kuppelförmige Toilette mit Klapptür ist keine gute Idee. Wähle die einfachste Katzentoilette. Eine große, flache, offene Wanne funktioniert für die meisten Katzen am besten. Eine Schaufel ist ebenfalls unverzichtbar. Ich persönlich finde Metallschaufeln langlebiger und leichter zu reinigen als Plastik.

- **Geruchsfreie, klumpende Streu:** Es gibt viele Marken und Arten von Streu, aber unparfümierte Tonstreu ist am Anfang die beste Wahl. Vermeide Kristallstreu, die scharf sein und die empfindlichen Pfotenballen einer Katze verletzen kann, sowie Pellets, die für Katzen im Vergleich zu Erde oder Sand, die sie in freier Wildbahn benutzen würden, unnatürlich sind.

- **Futter- und Wassernäpfe:** Katzen sollten jederzeit Zugang zu frischem Wasser haben. Ein Napf ist ein guter Anfang, obwohl ich auch ein großer Fan von Trinkbrunnen und Futterpuzzles bin. Wähle einen Napf aus Metall, Glas oder Keramik statt aus Kunststoff, da Kunststoffnäpfe mit Katzenakne in Verbindung gebracht wurden. Ein breiter Napf, der die Schnurrhaare der Katze beim Fressen oder Trinken nicht zusammendrückt, ist ebenfalls vorzuziehen.

- **Katzenfutter:** Im nächsten Kapitel gehen wir ausführlicher auf die Fütterung ein, aber ich empfehle, zunächst bei dem zu bleiben, was die Katze vorher gefressen hat. Suche nach einer Marke mit Fleisch als Hauptzutat. Vermeide billiges Trockenfutter mit Mais als Hauptbestandteil, was langfristig nicht das Gesündeste für deine Katze ist. Vergiss nicht, auch eine Tüte Leckerlis zu kaufen, während du im Futtergang bist!

- **Katzenspielzeug:** Ob du ein Kätzchen oder eine Seniorkatze hast, jede Katze braucht ein paar Spielzeuge. Wenn du ein Kätzchen adoptierst, kannst du in diesem Gang ruhig über die Stränge schlagen – du kannst nichts falsch machen. Unabhängig vom Alter brauchst du mindestens eine einfache Federangel oder ein Spielzeug in Angelruten-Form und ein paar kleiner flauschiger Mäuse, um deine neue Katze zu beschäftigen.

- **Ein Kratzbaum:** Idealerweise sollte es mehrere Kratzbäume im ganzen Haus geben. Katzen werden deine Möbel oder deinen Teppich benutzen,

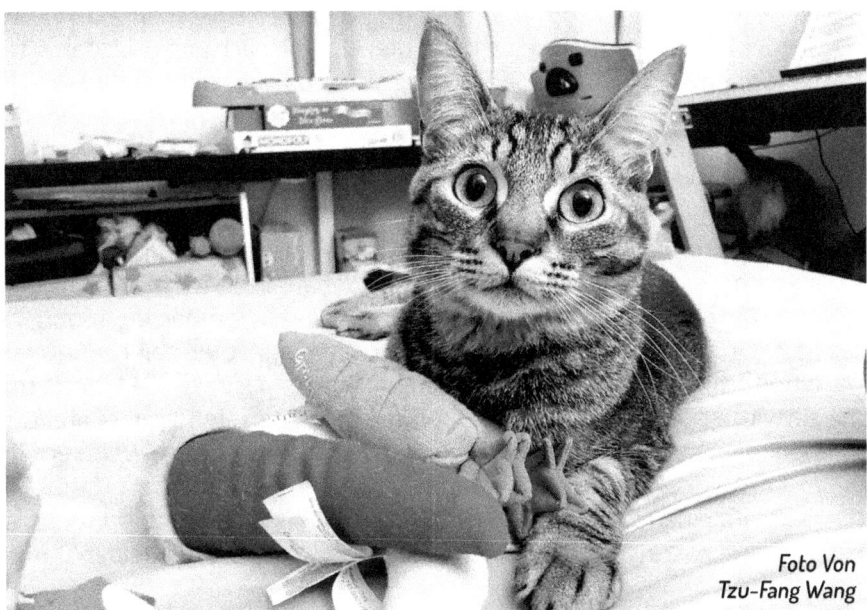

Foto Von
Tzu-Fang Wang

wenn sie keinen besser geeigneten Platz zum Kratzen finden. Suche nach einem stabilen Kratzbaum, der hoch genug ist, damit deine Katze sich in voller Höhe ausstrecken und ihren gesamten Rücken und die Beine beim Kratzen dehnen kann.

- **Eine Katzentransportbox:** Du musst eine Transportbox kaufen, um deine neue Katze nach Hause zu bringen. Es ist die sicherste und am wenigsten stressige Art für deine Katze zu reisen. Es gibt viele Arten von Transportboxen zur Auswahl, aber ich persönlich bevorzuge eine große Plastikbox, die sich sowohl von oben als auch von vorne öffnen lässt. Transportboxen mit Oberladeöffnung und viel Platz sind am einfachsten, um eine widerwillige Katze hineinzubekommen!

- **Ein Katzenbett:** Gemütliche Schlafplätze sind für Katzen, die etwa 16 Stunden am Tag schlafen, sehr wichtig! Deine Katze teilt gerne deine Möbel und dein Bett mit dir, aber einen Platz schätzen, der ganz ihr gehört, wird sie auch zu schätzen wissen.

- **Grundlegende Pflegeutensilien:** Ich empfehle, eine gute Bürste wie z. B. einen FURminator und einen Satz Nagelscheren zu kaufen, wenn du grundlegende Pflegemaßnahmen zu Hause durchführen möchtest. Die meisten Katzen können sich selbst sehr gut sauber halten, aber regelmäßiges Nagelschneiden verhindert, dass scharfe Krallen in deinem Teppich oder deinen Möbeln hängen bleiben, und Bürsten reduziert das Haaren!

- **Ein Halsband und Anhänger:** Nicht alle Katzen tragen ein Halsband, aber es ist eine gute Idee, eines zu kaufen und sie nach und nach daran zu gewöhnen. Dies ist besonders wichtig, wenn du planst, deine Katze nach draußen zu lassen. Aber selbst wenn du vorhast, deine Katze nur drinnen zu halten, denke daran, dass Unfälle passieren können. Türen werden offen gelassen, Katzen erschrecken sich, und auch deine Katze ist nicht davor gefeit, verloren zu gehen. Anhänger ermöglichen es einem Finder, deine Katze leicht zu identifizieren und sie zu dir zurückzubringen, sollte sie vermisst werden. Noch wichtiger als Anhänger ist ein Mikrochip, der vom Tierheim oder der Tierschutzorganisation, von der du adoptiert hast, eingesetzt werden sollte. Wenn nicht, kannst du deinen Tierarzt bitten, einen für dich einzusetzen. Ein Mikrochip ist kein GPS, sondern ein winziger Chip in der Größe eines Reiskorns, den ein Tierarzt unter die Haut deiner Katze zwischen den Schulterblättern platziert. Wenn er mit einem Mikrochip-Scanner gescannt wird, kann jeder Tierarzt oder jedes Tierheim einen Code aus Buchstaben und Zahlen lesen, der einzigartig für deine Katze ist. Du musst jedoch deinen Mikrochip mit deinen Daten registrieren, damit das Tierheim mit dir in Kontakt treten kann, sollte deine Katze dort auftauchen.

- **Ein Tierarzt:** Auch wenn das natürlich mit dem Zoofachgeschäft nichts zu tun hat – aber ist es absolut notwendig, einen Tierarzt im Blick zu haben. Man weiß nie, was in den ersten Wochen nach der Adoption passieren könnte, von einem Unfall zu Hause bis hin zu einer Infektion der oberen Atemwege oder einer Katzenerkältung. Am besten ist es, innerhalb von zwei Wochen nach der Adoption einen Termin bei deinem Tierarzt zu vereinbaren, um deine neue Katze als Patientin zu etablieren und es einfach zu machen, einen Termin im Notfall zu bekommen.

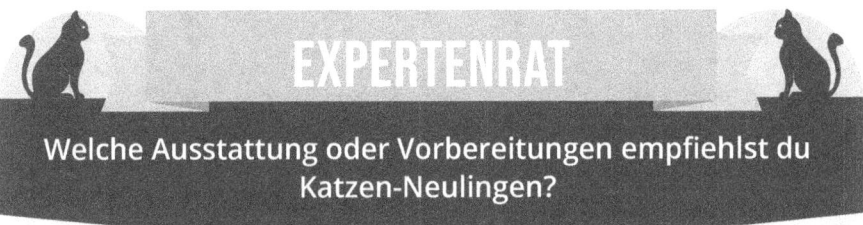

EXPERTENRAT

Welche Ausstattung oder Vorbereitungen empfiehlst du Katzen-Neulingen?

// Überprüfe dein Zuhause gründlich. Sorge dafür, dass keine Kabel oder Drähte herumliegen, die eine Katze anknabbern könnte, keine Medikamente, die eine Katze verschlucken könnte, und keine giftigen Pflanzen, an denen eine Katze kauen könnte. Richte einen separaten Bereich mit Futter, Wasser, Katzentoilette, Spielzeug und einigen Versteckmöglichkeiten ein, damit sich eine neue Katze in ihrem eigenen Tempo eingewöhnen kann (ein Gästezimmer ist ideal). Katzen brauchen Zeit, um in einem neuen Zuhause anzukommen, und sie müssen das Tempo der Eingewöhnung selbst bestimmen können. Viele Katzen brauchen Zeit, und man muss ihnen diese Zeit und einen sicheren Raum geben. Wenn du zerbrechliche Gegenstände wie Figuren oder Ähnliches auf einem Kaminsims hast, solltest du dir bewusst sein, dass eine Katze dort hinaufspringen und sie zerbrechen könnte. Wenn du damit NICHT einverstanden bist, räume die zerbrechlichen Sachen weg."

MARGARET SLABY
Golden Oldies Cat Rescue

„Wir wundern uns immer wieder darüber, dass manche Adoptiveltern denken, sie bräuchten gar keine Transportboxen oder sich mit den billigen Pappboxen aus dem Laden zufriedengeben. Diese sind in der Regel nur für den einmaligen Gebrauch gedacht. Je älter dein Haustier wird, desto weniger sind sie geeignet, da die Pappe nachgeben kann – und dann ist dein Haustier frei im Auto, in der Tierarztpraxis oder draußen unterwegs. Du brauchst eine gute, stabile Transportbox, damit du deine Haustiere sicher zu Tierarztbesuchen, bei Umzügen oder in Notfällen transportieren kannst. Hartplastikboxen finden wir am besten.“

AMANDA HODDER
Kitten Rescue Life

„Wer zum ersten Mal Katzen aufnimmt, sollte sich eine Grundausstattung zulegen. Dazu gehören zwei Katzentoiletten, Futter- und Wassernäpfe, ein Bett oder ein anderer Schlafplatz sowie verschiedene Spielzeuge. Man sollte auch über eine Fensterliege nachdenken – Katzen lieben es, Aktivitäten draußen zu beobachten – und über einen Kratzbaum, am besten mehrere aus verschiedenen Materialien. Das kann die Möbel retten. Katzen lieben Liegeplätze an den Wänden oder erhöhte Verstecke, Dinge, in denen sich eine Katze verstecken kann, aber trotzdem sieht, was um sie herum passiert.“

LYNDA STREEPER
Humane Society of Northern Virginia

„Katzentoilette und Streu. Wenn du mehrere Katzen im Haushalt hast, richte es so ein, dass jede Katze ihre eigene Katzentoilette hat. So bekommt jede Katze die Privatsphäre, die sie braucht. Toilettenprobleme entstehen oft, wenn eine neue Katze als Bedrohung für die älteren Katzen angesehen wird – vor allem, wenn sie das Gefühl haben, ihre gewohnten Rückzugsorte und stillen Örtchen verteidigen zu müssen.“

BETTI C. TAYLOR
Magicats, Inc.

„Richte ein separates Zimmer oder Bad ein, in dem die Katze sich entspannen kann, bevor sie vollständig in dein Zuhause integriert wird. Menschen neigen dazu, das neue Familienmitglied überstürzt allen vorzustellen und berücksichtigen nicht, dass es für die Katze oder das Kätzchen eine große Umwälzung ist. Gib ihr etwas Zeit, sich einzugewöhnen, bevor du die Katze in deinem Zuhause frei herumlaufen lässt.“

MELISSA CHRISTMAN
San Antonio Feral Cat Coalition

WEITER

"Katzensicherung! Denke an Dinge wie Kabel, Stehlampen, die umfallen können (sogar einige Bücherregale und andere instabile Möbel), kleine Löcher, in die sie kriechen können (rund um Rohrleitungen oder Küchengeräte). Berücksichtige bei offenen Fenstern, dass manche Katzen Fliegengitter herausdrücken können. Außerdem ist es oft am besten, eine neue Katze in den ersten ein bis zwei Wochen nur in einem kleinen Raum zu halten. So kann sich die Katze an dein Zuhause und an dich gewöhnen, bevor sie mehr Platz bekommt. Was die Ausstattung betrifft, brauchst du viele Spielzeuge, besonders wenn du eine junge Katze adoptierst. Die meisten Katzenshops haben einen 99-Cent-Korb, und Katzen mögen diese Spielzeuge genauso gern wie die teuren!"

KIM KAY
Angels Among Us Pet Rescue

"Katzen, die in ein neues Zuhause kommen, brauchen einen ruhigen, sicheren Ort zum Verstecken. Es ist gut, wenn sie einen Bereich haben, in dem sie sich von allen zurückziehen können und trotzdem sicher und erreichbar sind. Viele Katzen genießen es, die Welt draußen zu erkunden. Daher ist es gut, einen umschlossenen Außenbereich wie einen ‚Catio' zu haben oder ein Katzengeschirr und eine Leine zu benutzen, um der Katze einige Abenteuer im Freien zu ermöglichen."

LEAH CLAYPOOL
Patient Pet Advocates

"Es empfiehlt sich, Kratzabwehrmittel (Folie oder Streifen) zu besorgen, bevor du die Katze nach Hause holst, um der Katze von Anfang an beizubringen , nur den Kratzbaum zu benutzen. Das andere, was ich empfehlen würde, sind Nagelknipser! Die meisten Menschen vergessen, dass auch Katzen ihre Krallen geschnitten bekommen müssen. Regelmäßiges Schneiden der Krallen bei deiner Katze fördert gesündere Nägel bei ihr und macht es weniger wahrscheinlich, dass du oder deine Möbel Schaden nehmt."

ELIZABETH FUDGE
Companion Animal Alliance

Einrichten eines sicheren Raumes

Wenn du deine neue Katze nach Hause bringst, wirst du natürlich sehr aufgeregt sein. Wer könnte es dir verübeln? Du wirst bereit sein, ihr viel Liebe, Kuscheln und Zuneigung zu geben. Aber versetze dich für einen Moment in die Lage der Katze. Du warst wahrscheinlich in einem Käfig in einem Tierheim, umgeben von beängstigenden Geräuschen und Gerüchen und wurdest von Fremden angefasst. Dann hat dich jemand hochgehoben, in eine Box gesteckt, in der du nicht sehen konntest, was um dich herum passiert, und plötzlich bist du in einem völlig neuen Haus mit gänzlich unbekannten Fremden. Du weißt nicht, wo du dich verstecken sollst; vielleicht gibt es Ge-

Foto Von
Elizabeth Gay

rüche von anderen Tieren, die du noch nie getroffen hast, und überhaupt ist es beängstigend! Deine Katze braucht Zeit, um sich zu entspannen.

Katzen kommen am besten zurecht, wenn sie zunächst in einem einzigen Raum untergebracht werden. Das könnte ein Badezimmer, ein Büro oder ein Gästezimmer sein. Wenn du ein Schlafzimmer zur Eingewöhnung benutzt, pass auf, dass Orte, an denen sich die Katze unerwünscht verstecken könnte, wie unter dem Bett oder in einem Schrank, unzugänglich für sie sind. Es ist zwar sehr wichtig, dass deine Katze einen Platz zum Verstecken hat, aber es sollte ein geeigneter Platz sein, wie ein Karton, eine überdachte Schlafstelle oder vielleicht sogar die Transportbox deiner Katze. Im Notfall ist es viel einfacher, die Katze aus einem Karton zu holen oder eine Transportbox zu schließen, als sie unter dem Bett hervorzuziehen!

Du solltest diesen Raum mit der oben aufgeführten Grundausstattung einrichten. Die Katze in diesem Zimmer zu halten, hilft ihr, sich in Kontrolle zu fühlen, und schafft ein „Basislager" oder einen sicheren Ort, an den sie sich zurückziehen kann, wenn du ihr schließlich freien Auslauf in deinem Haus gibst. Plane ein, dass du deine Katze etwa zwei Wochen lang in diesem sicheren Ort hältst und dann langsam ihr Territorium von dort aus erweiterst. Stelle sicher, dass du den Raum einrichtest, bevor du deine Katze abholst. Wenn du nach Hause kommst, stelle die Transportbox in eine Ecke des Raumes und öffne die Tür. Zwinge die Katze nicht, herauszukommen! Sie sollte zu ihren eigenen Bedingungen aussteigen und erkunden dürfen.

Es ist in Ordnung, ruhig mit deiner Katze im Raum zu sitzen und ihr Aufmerksamkeit zu schenken, wenn sie interessiert ist, aber in den ersten 24 Stunden solltest du sie sich an den neuen Raum gewöhnen lassen. Wenn du ihr Aufmerksamkeit oder Zuneigung aufzwingst, könnte die Katze gestresst werden und möglicherweise fauchen oder um sich schlagen, auch wenn sie normalerweise freundlich ist. Denk daran, dies ist eine schwierige Zeit für sie, und du musst die Dinge langsam angehen!

Die Zwei-Wochen-Eingewöhnungsphase

Wenn du jemals einen Hund aus einem Tierheim oder einer Tierschutzorganisation adoptiert hast, haben die Mitarbeiter dort möglicherweise von der „Zwei-Wochen-Eingewöhnungsphase" gesprochen. Bei Katzen ist davon nicht so oft die Rede, dabei ist es genauso wichtig. Eigentlich ist das nur eine Umschreibung dafür, deiner neuen Katze zwei Wochen Zeit zu geben, sich an ihre neue Umgebung zu gewöhnen, bevor du ihr neue Dinge zumutest. Deine Katze sollte während dieser Zeit in ihrem „Basislager" bleiben. Einige

Katzen möchten ihr Basislager früher als nach zwei Wochen verlassen, und einige möchten sich sogar länger darin aufhalten. Zwei Wochen sind eine Empfehlung, keine starre Regel. Du solltest die Körpersprache deiner Katze beobachten und ihre Signale lesen, um erkennen zu können, wann es Zeit ist, voranzugehen.

Wie bereits erwähnt, ist dies eine beängstigende Zeit für die meisten Katzen. Deine neue Katze wird dich nicht kennen, und sie wird auch nicht wissen, wo sie ist. Wenn du entführt und in das Haus eines Fremden gebracht würdest, wärst du verängstigt. Du würdest nicht wollen, dass diese Person mit dir kuschelt oder dich festhält, und du würdest wahrscheinlich in deinem Zimmer allein gelassen werden wollen. Ein richtiger Versteckplatz im Basislager ist für eine Katze während dieser Zeit sehr wichtig. Gib deiner neuen Katze die Wahl, herauszukommen und mit dir zu interagieren, und zwinge sie niemals, gegen ihren Willen zu dir zu kommen. Dies kann eure Beziehung schädigen und dazu führen, dass deine Katze länger braucht, um sich anzupassen und dir zu vertrauen.

Erlaube anderen Haustieren zu diesem Zeitpunkt nicht, mit deiner neuen Katze zu interagieren. Sie hat bereits genug, worüber sie sich Sorgen machen muss. Rede mit kleinen Kindern, bevor du ihnen erlaubst, in Kontakt mit der Katze zu kommen, und bringe ihnen bei, wie man sie richtig streichelt und mit ihr spielt, bevor du ihnen erlaubst, den Raum zu betreten.

Biete deiner Katze einen ruhigen, sicheren Ort und gib ihr Zeit. Je nach Persönlichkeit deiner Katze können deine Interaktionen mit ihr zu diesem Zeitpunkt variieren. Einige Katzen könnten sofort am Spielen und Streicheln interessiert sein, und andere möchten vielleicht in ihrem Versteck sitzen und dich aus der Ferne beobachten. Denke daran, dich nach dem Tempo deiner Katze zu richten.

Diese Zeit eignet sich für dich, deine Katze kennenzulernen und ihre Gewohnheiten zu beobachten. Hat sie irgendwelche Eigenheiten? Benutzt sie regelmäßig die Katzentoilette? Mag sie das Futter, das du für sie besorgt hast? Viele Katzen können durch den Stress des Umzugs an einen neuen Ort Infektionen der oberen Atemwege entwickeln, allgemein bekannt als „Katzenerkältungen", was ein weiterer Grund ist, deine neue Katze zunächst unter Quarantäne zu stellen, besonders wenn du andere Haustiere hast. Es ist auch üblich, dass ängstliche Katzen in den ersten Tagen nach dem Umzug an einen neuen Ort nicht fressen oder die Katzentoilette nicht benutzen. Geh es langsam an und überstürze den Prozess nicht!

EXPERTENRAT

Was ist dein bester Rat für die ersten zwei Wochen mit der neuen Katze?

"Halte den Geräuschpegel niedrig. Lass die Katze zunächst in einem Raum und besuche sie häufig, damit sie sich an deine Geräusche und Gerüche gewöhnen kann. Streichle die Katze. Zeige ihr in den folgenden Tagen langsam jeden Raum. Setze sie in den ersten Tagen nicht den anderen Haustieren aus, damit sie sich sicher fühlen und eine Bindung zu ihren Menschen aufbauen kann.

DJ SAKATA
Hawaii Cat Foundation

"Sei geduldig und achte auf die Signale der Katze. Der Umzug in dein Zuhause ist eine große Umstellung im Leben der Katze, und es kann eine Weile dauern, bis sie sich eingewöhnt hat. Es kann sein, dass die Katze Angst hat und sich verstecken möchte. Verbringe Zeit mit der Katze. Sprich leise mit ihr. Lass die Katze von selbst zu dir kommen.

LIZ OSTEN
Cat Rescue of Marlborough and Hudson (CaRMaH)

"Wenn ein Haus groß ist und viele Zimmer hat, halte die neue Katze zunächst in einem oder zwei Räumen, damit sie sich langsam an dich und das Haus gewöhnen kann. Sie versteckt sich vielleicht unter einem Bett – lass sie ruhig dort bleiben. Nach und nach wird sie herauskommen. Katzen sind schließlich neugierige Tiere. Nimm sie regelmäßig hoch, kuschle mit ihr und schenke ihr immer Aufmerksamkeit. Zeige ihr die Katzentoilette und stelle das Futter in einem anderen Raum auf. Lass die Katze niemals nach draußen. Wenn sie von klein auf lernt, dass es kein Draußen gibt, wird sie nicht den ganzen Tag damit verbringen, nach draußen zu wollen.

JUDE EPSTEIN
Much Love Animal Rescue

//Die ersten zwei Wochen im neuen Zuhause sind entscheidend, damit sich eine neue Katze wohlfühlt. Der Besitzer sollte möglichst viel zu Hause sein, um Zeit mit der Katze zu verbringen und eine starke Beziehung aufzubauen. Man muss sich nicht unbedingt von der Arbeit freistellen lassen, aber man sollte Verabredungen und Termine außerhalb des Hauses einschränken, um der Katze zu helfen, die neuen Abläufe zu erlernen.

ANNA SEALS
Central Indiana Foster Cats

//Halte die Welt der Katzen zunächst klein und erweitere sie dann, wenn sie an Selbstvertrauen gewinnen. Ein kleines Kätzchen in ein großes Haus zu setzen, wird es erschrecken! Es gibt so viel zu erkunden und zu lernen. Katzen sind territorial, sie wollen die Herrscher über ihr Revier sein, um sich selbstbewusst und sicher zu fühlen. Ein Haus mit fünf Zimmern wird also viel länger brauchen, um sich darin wohlzufühlen, als ein kleines Badezimmer. Beginne im Badezimmer. Wenn die Katze glücklich und verspielt wirkt, öffne die Tür, damit sie in den nächsten Raum gelangen kann. Zwinge die Katze nicht; sie wird von selbst herauskommen, um zu erkunden, sobald sie ihren aktuellen Raum gemeistert hat. Hab Geduld. Und spiele, spiele, spiele mit ihr!

LINDA DIAMOND
SoBe Cats Spay & Neuter, Inc

//Lass deine Katze ein oder zwei Plätze finden, an denen sie unsichtbar sein kann, wo niemand sie stören darf, selbst wenn du sie sehen kannst. Stelle die Katzentoilette an einen ruhigen Ort mit wenig Verkehr, wo Menschen und Hunde die Katze nicht bei der Benutzung erschrecken können.

CHAR RAO
Harbor Cat Rescue

//Denk daran, dass Katzen deine Energie spüren können; wenn du gestresst bist, werden sie es auch sein. Jede Katze ist ein Individuum, und du musst die Katzen dort abholen, wo sie stehen. Sie brauchen Zeit, um sich zu entspannen und herauszufinden, wie sie in die neue Dynamik passen, in der sie sich befinden.

MICAIAH ROY
Community Cat Advocates Inc.

*//Zumindest in den ersten zwei Wochen wird jede neue Katze in einer neu-
en Umgebung ängstlich sein und sich höchstwahrscheinlich verstecken. Je
nach Alter der neu adoptierten Katze kann dieser Zeitraum kürzer als zwei
Wochen sein. Ältere Katzen können bis zu zwei bis drei Monate brauchen,
um sich in ihrem neuen Zuhause wohl und sicher zu fühlen. Familien sollten
durchaus damit rechnen, dass sich ihre neuen Mitglieder verstecken. Junge
Kätzchen sind von Natur aus neugierige Geschöpfe. Sie werden sich leichter und schneller anpassen. Gib ihnen Zeit zum Erkunden. Bringe ihnen ihre
Grenzen bei.*

LARRY KACMARCIK
Blue Moon Cat Sanctuary

*//Die ersten zwei Wochen mit deiner Katze oder deinem Kätzchen zu Hause
sollten eine Zeit der schrittweisen Einführung in den Haushalt sein, in der
du eine gute Menge an Qualitätszeit mit dem Spielen und Kuscheln mit dem
Kätzchen verbringst, um ihm zu helfen, sich sicher und geborgen zu fühlen.
Katzen und Kätzchen können Wochen, manchmal sogar Monate brauchen,
um sich vollständig an eine neue Umgebung anzupassen und ihre wahre Persönlichkeit zu zeigen. Anfangs können sie sehr schüchtern oder sogar aggressiv gegenüber anderen Tieren im Haus erscheinen, aber sie brauchen wirklich
nur Zeit, Geduld und Ruhe, um ihnen beim Einleben zu helfen.*

MICHELLE BASS
A Kitten Place, Inc

*//Gib der Katze Zeit, sich an ihre neue Umgebung anzupassen, und versuche,
geduldig zu sein. Einige Kätzchen werden sich sofort einleben, mit einem
fast nahtlosen Übergang, und andere Kätzchen werden schüchtern sein. Sie
verstecken sich vielleicht und zeigen ihre wahre Persönlichkeit nicht sofort. Sie
verlassen alles, was ihnen vertraut und sicher ist, und betreten einen unbekannten Ort mit neuen Gerüchen, Geräuschen und neuen Menschen/Tieren,
die sie kennenlernen müssen. Es ist in Ordnung, wenn Kätzchen am dritten
Tag noch nicht vollständig eingewöhnt sind, und es bedeutet nicht, dass sie
sich für immer verstecken werden. Scheue dich auf keinen Fall, dich wieder
an die Tierschutzorganisation/das Tierheim zu wenden, wenn du das Gefühl
hast, dass du und dein Kätzchen Probleme mit dem Eingewöhnungsprozess
habt.*

AMANDA HODDER
Kitten Rescue Life

Die Körpersprache der Katze verstehen

Bevor wir dazu kommen, wie du deine Katze im Rest des Hauses einführst, schauen wir uns kurz an, wie du ihre Körpersprache lesen kannst. Katzen kommunizieren normalerweise sehr deutlich. Entgegen dem, was manche Leute sagen, beißen oder kratzen sie typischerweise nicht „aus dem Nichts". Wenn du deine neue Katze nach Hause bringst, wird sie ein hohes Stressniveau haben. Du solltest in der Lage sein zu verstehen, was sie dir mitteilt, um zu wissen, wann sie bereit ist, voranzugehen und wann sie mehr Zeit braucht, um sich anzupassen.

Die vier wichtigsten Körperteile, auf die du achten solltest, sind die Augen, Ohren, der Körper und der Schwanz der Katze:

- **Augen:** Achte auf die Pupillen deiner Katze. Erweiterte Pupillen bedeuten normalerweise, dass die Katze ein hohes Maß an Angst, Besorgnis oder Stress erlebt. Wenn sie vollständig erweitert sind, könnte die Katze bereit sein, sich zu verteidigen. Gelegentlich erweitern sich die Pupillen, wenn die Katze in verspielter Stimmung ist. Ein direkter Blick ist ein Zeichen, zurückzutreten, während ein langsames Blinzeln „Ich liebe dich!" bedeutet. Wenn die Pupillen sehr verengt sind, ist die Katze wahrscheinlich verärgert oder wütend.

- **Ohren:** Nach vorne gerichtete Ohren zeigen an, dass deine Katze zufrieden und entspannt ist. Wenn die Ohren nach hinten oder zur Seite geflacht sind, ist das ein klarer Hinweis darauf, dass die Katze nicht interagieren möchte und will, dass du dich entfernst. Abgeflachte oder „Flugzeugohren" werden normalerweise von einem Fauchen begleitet.

- **Körper:** Eine Bauchpräsentation bedeutet entgegen der landläufigen Meinung nicht, dass deine Katze eine Bauchstreicheleinheit möchte! Stattdessen ist es ein Zeichen von Vertrauen und Zufriedenheit. Aber sei vorsichtig – wenn deine Katze sich schnell auf den Rücken rollt, mit ausgefahrenen Krallen, fauchend oder knurrend, könnte es ein Zeichen für defensive Aggression sein. Ähnlich verhält es sich, wenn eine Katze ihren Rücken wölbt, das Fell flach liegt und sie sich wahrscheinlich an dir reibt – sie bittet um mehr Aufmerksamkeit und Streicheleinheiten. Aber wenn Katzen ihren Rücken wölben und das Fell gesträubt ist, sind sie sehr verängstigt oder verärgert.

- **Schwanz:** Der Schwanz ist vielleicht das offensichtlichste Zeichen dafür, wie deine Katze sich fühlt. Wenn der Schwanz deiner Katze gerade in die Luft zeigt, freut sie sich, dich zu sehen. Wenn die Schwanzspitze zu einem Fragezeichen gekrümmt ist, ist die Katze spielbereit. Ein wedelnder

Schwanz bedeutet jedoch nicht, dass eine Katze glücklich ist. Katzen peitschen, zucken oder wedeln nur mit ihrem Schwanz, wenn sie gereizt oder wütend sind. Ein aufgeplusterter Flaschenbürstenschwanz bedeutet, dass deine Katze von etwas erschreckt wurde, und ein eingezogener oder tief am Boden liegender Schwanz bedeutet, dass sie nervös oder ängstlich ist.

Ebenso solltest du auf die verschiedenen Lautäußerungen achten, die Katzen machen. Wusstest du, dass wilde Katzen nicht miauen? Miauen ist ein erlerntes Verhalten durch das Aufwachsen mit Menschen und ist ein Laut, der nur für die Kommunikation mit ihnen reserviert ist. Selbst Katzen, die an Menschen gewöhnt sind, miauen nicht mit anderen Katzen. Lass uns mehr über die Laute sprechen, die Katzen machen:

- **Miauen:** Wie bereits erwähnt, wird das Miauen verwendet, um mit Menschen zu kommunizieren. Aber was bedeutet es? Es kann alle möglichen Bedeutungen haben, von „Ich habe Hunger" bis „Ich möchte Aufmerksamkeit" bis „Hallo!" Nachdem du einige Zeit mit deiner Katze zusammengelebt hast, wirst du beginnen, jede Art von Miauen zu erkennen und was deine Katze damit meint. Kätzchen werden auch ihre Mutter anmiauen, und einige Experten haben vorgeschlagen, dass erwachsene Katzen, die von Menschen aufgezogen wurden, dieses Verhalten beibehalten, weil sie uns als ihre Eltern betrachten.

- **Fauchen und Knurren:** Diese Geräusche bedeuten ganz einfach „Lass mich in Ruhe! Ich brauche meinen Raum." Die Katze könnte verängstigt, gereizt oder wütend sein. In jedem Fall sollte eine Katze, die faucht oder knurrt, in Ruhe gelassen werden.

- **Schnurren:** Jeder weiß, dass eine Katze schnurrt, wenn sie glücklich oder zufrieden ist. Dennoch schnurren Katzen manchmal auch, um sich selbst zu trösten, wenn sie Schmerzen haben oder krank sind.

- **Zwitschern:** Du wirst diesen Laut hören, wenn deine Katze mit ihrem Spielzeug spielt oder wenn sie einen Vogel vor deinem Fensters entdeckt hat. Es ist ein kurzer Laut, der ein bisschen wie ein Zirpen oder Piepen klingt und durch das Sehen von Beute ausgelöst wird. Katzen können auch Menschen anzwitschern, wenn sie Aufmerksamkeit wollen oder wenn sie spielen wollen.

- **Jaulen:** Dieser Laut könnte ein Zeichen dafür sein, dass deine Katze Schmerzen hat oder in Not ist, zum Beispiel wenn sie in eine Auseinandersetzung mit einer anderen Katze verwickelt gewesen ist. Wenn du eine weibliche Katze hast, die nicht sterilisiert ist, könnte sie rollig sein. Schließlich ist dieser Laut besonders von älteren Katzen zu hören, wenn sie an kognitiver Dysfunktion leiden.

Denke daran, jedes Verhalten im Kontext zu betrachten, da manchmal dasselbe Verhalten je nach Situation unterschiedliche Dinge bedeuten kann (wie zum Beispiel das Schnurren). Auch wenn es wichtig ist, die Bedeutungen von Lautäußerungen zu wissen, kommunizieren Katzen hauptsächlich durch Körpersprache. Die Körpersprache gut lesen zu können, macht dich zu einem besseren Katzenhalter, da du die Wünsche und Bedürfnisse deines Haustieres besser verstehen wirst.

Vorstellungen bei Kindern, Hunden, anderen Katzen und anderen Haustieren

Vielleicht gibt es noch andere Familienmitglieder – zwei- oder vierbeinige – denen deine neue Katze vorgestellt werden muss. Alle aneinander zu gewöhnen kann ein kniffliger Prozess sein, und es gibt bestimmte Regeln, die befolgt werden sollten, damit er erfolgreich wird. Angenommen, deine Katze ist nun einige Tage oder Wochen in ihrem Basislager gewesen. Nun wird sie wird neugierig sein, was sich auf der anderen Seite der Tür befindet, durch die du immer verschwindest. Sie versucht vielleicht, hinter dir hinauszuhuschen oder schaut neugierig durch den Spalt.

Bringe andere Haustiere in einem anderen Raum unter und gib deiner Katze die Möglichkeit, den Rest deines Hauses zu erkunden. Katzen kommunizieren über Gerüche. Deshalb bereitet es dein neues Haustier darauf vor, was es zu erwarten hat und wer sonst noch in deinem Haus lebt , wenn du ihm erlaubst, alles gut zu beschnüffeln. Du kannst dies mehrere Tage lang wiederholen, bis deine Katze sich mit der Anordnung des Hauses vertraut gemacht hat und alles beschnuppert hat. Wenn du andere Tiere hast, kannst du einen „Geruchsaustausch" durchführen und die nach ihnen duftenden Gegenstände in das Basislager deiner Katze legen, damit sie auch ihre neuen Freunde riechen kann! Du kannst dies 30 Minuten bis eine Stunde pro Tag tun, bevor du schließlich allen erlaubst, sich zu treffen. „Erzwungener" Geruchsaustausch, bei dem du die Gegenstände direkt an der anderen Katze reibst, um ihren Geruch zu bekommen, wird nicht empfohlen, da es Stress für die Katze verursachen kann. Nimm stattdessen Decken oder Betten, auf denen sie freiwillig gelegen haben, damit die andere Katze sie untersuchen kann.

Der schädlichste Rat, den man zum Eingewöhnungsprozess hören kann, lautet: „Lass sie es einfach unter sich ausmachen." Egal, ob du deine neue

Foto Von
Liora Engel-Smith

Katze deinem Kind, deiner anderen Katze oder deinem Hamster vorstellst, sie einfach aufeinander loszulassen, ohne Anleitung oder Unterstützung, ist eine Einladung zu Problemen. Achte darauf, den langsamen Ablauf der gegeneitigen Vorstellung, der im Folgenden beschrieben wird, sorgsam zu beachten, um von Anfang an gute Beziehungen aufzubauen.

DEINE KINDER VORSTELLEN

Ich weiß, ich weiß. Deine Kinder können es kaum erwarten, mit ihrer neuen Katze zu interagieren. Vielleicht hast du es geschafft, so lange durchzuhalten, aber realistisch ist, dass du die Kinder wahrscheinlich nur ein oder zwei Tage zurückhalten kannst, bevor du sie hineinlässt, um die Katze zu treffen. Denke daran, dass du die Situation unter Kontrolle behalten musst, wenn du ein lautes, unberechenbares, sich schnell bewegendes Kleinkind in einen Raum bringst, den du gezielt als sicheren Hafen für deine Katze eingerichtet hast. Sorge dafür, dass deine Katze nicht in ihre alte Ängstlichkeit zurückfällt.

Kinder sollten sich der Katze niemals zuerst nähern. Erlaube deinem Kind, hereinzukommen und sich hinzusetzen und lass stattdessen die Katze zu ihm kommen. Wenn Kinder alt genug sind, können sie einen Laserpointer oder ein Angelspielzeug halten. Zeige ihnen, wie sie es bewegen können, um die Katze anzulocken. Wenn die Katze es zulässt, zeige den Kindern, wie man die Katze sanft am Kopf und Rücken streichelt, von vorne nach hinten. Wenn die Katze weggegangen ist, möchte sie nicht mehr gestreichelt werden. Dies ist eine gute Gelegenheit, deinem Kind etwas über Einwilligung beizubringen. Wenn die Katze nein sagt, indem sie weggeht, sich versteckt oder faucht, sollten Kinder das respektieren und sie in Ruhe lassen. Du solltest kleine Kinder in der Nähe der Katze immer beaufsichtigen, zumindest am Anfang.

Dein Kind in die Pflege der Katze einzubeziehen, indem es hilft, sie zu füttern, mit ihr zu spielen, ihr Leckerlis zu geben und sogar ihre Katzentoilette zu reinigen, ist eine hervorragende Möglichkeit, die Bindung zwischen beiden aufzubauen. Viele Kinder werden die Katze einfach hochheben und halten wollen, aber die meisten Katzen werden das nicht genießen und lernen, Kindern auszuweichen, wenn sie sie kommen sehen. Erkläre deinen Kindern, dass sie es nicht mögen würden, minutenlang festgehalten und gedrückt zu werden, und die Katze auch nicht! Bei der Suche nach einer kinderfreundlichen Katze versuche, eine Katze auszuwählen, die sehr selbstbewusst und tolerant erscheint und vorzugsweise Erfahrung im Zusammenleben mit Kindern in der Vergangenheit hat. Die meisten scheuen oder älteren Katzen sind kaum geeignet für Familien mit Kindern.

DEINEN HUND KENNENLERNEN

Ob groß oder klein – Hunde können für Katzen sehr einschüchternd und beängstigend sein, besonders wenn sie noch nie einen getroffen haben. Wie bei allen anderen Vorstellungen sollte das Kennenlernen von deiner Katze mit deinem Hund ein langsamer, schrittweiser Prozess sein. Auch wenn es nicht unbedingt notwendig ist, ist es sehr hilfreich, wenn dein Hund ein solides Sitz-Bleib-Kommando beherrscht, bevor du eine Vorstellung versuchst.

Einige wohlmeinende Tierbesitzer setzen die Katze in eine Transportbox, um sie vor dem Hund zu schützen, während der Hund sie untersucht. Das ist leider irreführend. Stell dir vor, du wärst eine 5-Kilo-Katze, die in einem kleinen Käfig ohne Fluchtmöglichkeit eingesperrt ist, während ein 30-Kilo-Monster seine Nase direkt vor dich steckt! Um die Sache noch schlimmer zu machen, hast du wahrscheinlich bereits negative Assoziationen mit der Transportbox, weil sie beängstigende Autofahrten oder Tierarztbesuche bedeutet.

Nein, um deine Katze deinen Hund kennenlernen zu lassen, ist es am besten, dass deine Katze sich völlig frei und uneingeschränkt bewegen kann, damit sie ihre eigenen Entscheidungen treffen kann. Dein Hund sollte angeleint sein, und zusätzlich auch hinter einem Tier- oder Babygitter, wenn du besondere Befürchtungen hast, was die mögliche Reaktion des Hundes angeht.

Am besten funktioniert das Ganze mit zwei Personen. Halte deine Katze auf einer Seite des Babygitters und lass dort jemanden sein, der sie lobt und mit Leckerlis füttert, falls sie sie annimmt. Die andere Person sollte die Leine des Hundes auf der gegenüberliegenden Seite des Gitters halten und hochwertige Belohnungen wie Käsestückchen oder Würstchen verwenden, um die Aufmerksamkeit des Hundes zu erhalten. An diesem Punkt musst du die Körpersprache lesen. Läuft die Katze weg und

Foto Von
Charlyn Johnson

versteckt sich beim Anblick des Hundes? Ist der Hund intensiv auf die Katze fixiert und kann nicht mit den Leckerlis umgeleitet werden? Dies könnten Anzeichen dafür sein, dass du einen Trainer hinzuziehen musst, um sicherzustellen, dass der Prozess reibungslos und sicher verläuft.

Wenn es auf beiden Seiten positive oder neutrale Reaktionen gibt, kannst du schließlich dem Hund und der Katze erlauben, sich über mehrere Tage hinweg näher und näher zu kommen, wobei du das Babygitter entfernst, sobald du dich sicher fühlst. Ich empfehle, die Leine an deinem Hund schleifen zu lassen, bis du zu 100 Prozent sicher bist, dass die beiden Tiere gut miteinander auskommen und du keine Anzeichen von Stress von beiden Seiten siehst. Überstürze den Vorgang nicht und denke daran, dass es viel einfacher ist, langsam positive Assoziationen aufzubauen, als negative Assoziationen rückgängig zu machen (z. B. wenn der Hund die Katze jagt oder wenn die Katze den Hund mit ihren Krallen schlägt).

DIE ANDERE KATZE KENNENLERNEN

Der beste Weg, zwei Katzen zum ersten Mal zusammenzubringen, ist auf beiden Seiten eines Tiergitters, wo jede die Möglichkeit hat, sich zu entfernen, wenn sie möchte. Deine neue Katze kann in ihrem „Basislager" bleiben, wo sie sich am wohlsten fühlt. Genau wie im Falle des Hundes (s. o.), solltest du die Katzen während der Treffen nicht in irgendeiner Weise (mit Geschirr, Leine oder in einer Tranportbox) festhalten oder einschränken. Der Kennenlernprozess wird in den meisten Fällen sehr langsam sein. Stell dich darauf ein, dass er Wochen, wenn nicht Monate dauert. Es gibt ein paar grundlegende Schlüsselschritte, die für die meisten Katzenvorstellungen gut funktionieren:

FUNFACT
Wie viele Katzentoiletten brauche ich?

Eine gute Faustregel für Katzentoiletten ist: eine Toilette pro Katze plus eine zusätzliche. Wenn dein Zuhause mehrere Etagen hat, solltest du idealerweise mindestens eine Katzentoilette in jedem Stockwerk aufstellen. Katzen können bei der Platzierung ihrer Toilette sehr wählerisch sein, daher versuche, die Katzenklos in wenig frequentierten Bereichen aufzustellen, um deiner Katze etwas Privatsphäre zu geben und unsauberes Verhalten zu vermeiden.

1. **Geruchsübertragung:** Zu Anfang müssen die Katzen sich nicht physisch sehen. Erlaube deiner Hauskatze jeden Tag, mit deiner neuen Katze den Platz zu tauschen. Setze deine Hauskatze in den Basisraum der neuen Katze und erlaube deiner neuen Katze, das Haus zu erkunden. Ich empfehle ausdrücklich keinen „erzwungenen" Geruchsaustausch, wie das Reiben eines Handtuchs oder Tuchs an einer Katze und dann an der anderen, um Gerüche zu mischen. Du kannst die Lieblingsdecke oder das Lieblingsspielzeug einer Katze der jeweils anderen mitbringen, damit jede es selbst untersuchen kann. Dieser Schritt sollte ein oder zwei Wochen dauern; warte, bis deine neue Katze völlig selbstbewusst das gesamte Haus alleine erkundet und sich dabei sicher fühlt.

2. **Geruchsaustausch durch eine Tür:** Halte die Katzen auf gegenüberliegenden Seiten einer vollständig geschlossenen, festen Tür. Sie werden in der Lage sein, die andere Katze durch die Tür zu hören und zu riechen und könnten einander sogar die Pfoten unter dem Türspalt hindurchstrecken. Auch wenn manche Verhaltensexperten empfehlen, Mahlzeiten auf gegenüberliegenden Seiten der Tür zu füttern, ist meine Erfahrung, dass das bei vielen Katzen Stress hervorruft. Sorge stattdessen dafür, dass diese Sitzungen für deine Katze so angenehm wie möglich sind! Überschütte sie mit hochwertigen Leckerlis wie Thunfisch, Hühnchen

oder Babybrei und Spielzeit mit ihren Lieblingsspielzeugen. Halte die Sitzungen kurz,nicht länger als etwa 5–10 Minuten, mehrmals am Tag.

3. **Lass sie sich sehen:** Verwende eine Fliegengittertür oder ein Tiergitter (zwei übereinander gestapelt für die Sicherheit) mit einer Decke darüber. Die Katzen sollten nur durch die Ritzen spähen können. Füttere die Katzen weiterhin mit Leckerlis und gib ihnen viel Lob wie in Schritt 2. Hebe die Decke allmählich zurück und gib den Tieren im Laufe der Zeit mehr und mehr visuellen Zugang. Wenn eine der Katzen faucht, knurrt oder die andere intensiv anstarrt, gib den Katzen mehr Raum und geh einen Schritt zurück, bis sie wieder in der Lage sind, Leckerlis anzunehmen. Du musst möglicherweise die Decke wieder mehr schließen oder noch mehr Abstand schaffen.

4. **Barrieren entfernen:** Sobald die beiden Katzen sich wohlfühlen und sich auf beiden Seiten des Gitters mit vollständig zurückgezogener Decke entspannen können, entferne das Babygitter. Platziere jede Katze auf gegenüberliegenden Seiten des Raumes (3-6 Meter voneinander entfernt) und füttere weiterhin Leckerlis und spiele getrennt voneinander mit ihnen. Irgendwan werden sich die Katzen Nase an Nase treffen und interagieren. Wenn sie bis dahin aneinander gewöhnt sind –an den Geruch, die Geräusche und das Aussehen des anderen – sollte dieses erste direkte Treffen möglichst ruhig und unspektakulär ablaufen. Wenn du diesen Punkt nicht erreichen kannst oder du einen Rückschlag mit ausbrechenden Kämpfen zu verzeichnen hast, suche Hilfe bei einem Katzentrainer oder Verhaltensberater.

DIE ANDEREN HAUSTIERE KENNENLERNEN

Ganz gleich, ob du Vögel, Fische, Hamster, Schlangen, Kaninchen, Hühner oder Pferde hast, beachte einige der Tipps, die für langsame Vorstellungen bei Kindern, Hunden und Katzen empfohlen wurden. Denke daran, dass Katzen sowohl Raubtiere als auch Beutetiere sind, so dass sie einen starken Jagdinstinkt für Vögel und kleine Tiere und einen starken Angstinstinkt vor allem haben, was größer ist als sie selbst. Welches Tier es auch ist, sei vorsichtig und beaufsichtige deine Haustiere zunächst zusammen, und halte Nagetiere, Vögel, Fische und kleine Reptilien IMMER außerhalb der Reichweite deiner Katze.

EXPERTENRAT

Welchen Rat hast du zur Eingewöhnung der Katze an vorhandene Haustiere oder Kinder?

"Treppenschutzgitter sind deine besten Freunde. Ich habe über 120 Tiere aufgenommen, viele davon Katzen und Kätzchen. Ich trenne meine Tiere immer mit Schutzgittern, bis sie genügend positives Interesse aneinander gezeigt haben – so lange, bis ich mich bei einer kurzen Begegnung wohlfühle."

ELIZABETH FUDGE
Companion Animal Alliance.

"Kindern muss beigebracht werden, wie man eine Katze streichelt und mit ihr spielt, während sie beaufsichtigt werden. Es ist immer toll, die Kinder in den Prozess einzubeziehen – sei es beim Tierarztbesuch, beim Füttern der Katze oder beim Reinigen der Katzentoilette."

CHERYL MCMURRAY
Nile Valley Egyptian Foundation Inc.

"Ältere Haustiere oder Tiere, die noch nie mit anderen Tieren zusammengelebt haben, könnten sich mit einem neuen Familienmitglied schwertun. Eine Hilfe kann sein, deinem Kätzchen ein Handtuch oder eine Decke zum Liegen zu geben und diese nach ein oder zwei Tagen in den Bereich deiner anderen Haustiere zu legen, damit sie sich vorab an den Geruch gewöhnen können. Etwas Fauchen, angelegte Ohren und raues Spiel sind normal. Es kann gut sein, dass die Katzen miteinander spielen, aber auch, dass dein ursprüngliches Haustier sanft seine Dominanz gegenüber dem Neuankömmling etabliert. Du wirst merken, wenn es kein Spiel mehr ist und ein Problem vorliegt. In diesem Fall empfehlen wir, die Kennenlernphase zurückzusetzen und die Zeit, in der du die Katzen getrennt hältst, zu verlängern, damit dein Haustier mehr Zeit zur Eingewöhnung hat."

AMANDA HODDER
Kitten Rescue Life

"*Bei mehreren Katzen im Haushalt empfehle ich immer, sie zunächst auf gegenüberliegenden Seiten der Türen zu füttern und sie dann durch einen Türspalt vorzustellen. Wenn Fliegengittertüren oder doppelte Treppenschutzgitter in einen Türrahmen gestellt werden können, ist das ebenfalls eine tolle Methode! Wir empfehlen auch immer die Verwendung von Spielangeln, wenn Katzen einander vorgestellt werden. Wenn sie sich auf das Spiel konzentrieren und nicht aufeinander, kannst du sie oft zum gemeinsamen Spielen bringen, ohne dass sie es anfangs überhaupt bemerken.***"*

KELLI GRAZIANO
The Kitten Nursery

"*Katzenfreundliche Hunde sind entscheidend für das Zusammenleben mit einer Katze. Entweder wurden sie als Welpen mit Katzen aufgezogen oder sie kommen von Natur aus gut mit Katzen zurecht (besonders bestimmte Rassen). Im Gegensatz dazu haben wir noch nie erlebt, dass einem ausgewachsenen Hund, der Katzen gegenüber feindselig eingestellt ist, dieses Verhalten durch Erziehung, Bestrafung oder Training abgewöhnt werden konnte.***"*

SANDY, MITBEGRÜNDERIN
(CLAWS) Cats Lives Are Worth Saving

"*Es dreht sich alles um Gerüche und darum, langsam vorzugehen. Am besten beginnst du damit, dein neues Kätzchen in einem separaten Raum unterzubringen und dann deine anderen Haustiere unter der Tür schnuppern zu lassen. Idealerweise kannst du danach die Räume tauschen, damit die Tiere den Geruch des jeweils anderen noch intensiver wahrnehmen können, ohne dass das andere Tier tatsächlich anwesend ist. Wenn du für die erste Begegnung ein Gitter, einen Fliegenschutz oder eine Glastür aufstellen kannst, ist das auch super!***"*

LINDA DIAMOND
SoBe Cats Spay & Neuter, Inc.

"*Um eine neue Katze Kindern vorzustellen, sollten die Kinder in den Raum gehen, in dem sich die Katze befindet, und einfach ruhig dasitzen oder leise vorlesen. Erkläre den Kindern, dass sie ruhig und gelassen sein müssen und die Katze zu ihnen kommen lassen sollen. Keine plötzlichen Bewegungen machen. Nicht versuchen, die Katze hochzuheben. Die Katze wird den Kindern schon zeigen, wann sie bereit ist.***"*

MARGARET SLABY
Golden Oldies Cat Rescue

//Kleine Kinder sollten nicht allein mit Haustieren gelassen werden. Ihre Interaktionen sollten beobachtet werden. Deinem Kind vor der Ankunft der Katze beizubringen, vielleicht mit einem Stofftier, wie man den Raum der Katze respektiert und wie man richtig streichelt und spielt, ist entscheidend für die Zufriedenheit aller und für eine gut angepasste Katze. Wenn die Katze ankommt, sind Ruhe und entspanntes Spiel mit der Katze ein guter Anfang. Kindern die Verantwortung der Haustierhaltung beizubringen, indem sie beim Füttern helfen, ist eine gute Möglichkeit, sie eine Bindung zu ihrem neuen Haustier aufbauen zu lassen."

KATIE JOHNSON
Actually Rescuing Cats

//Was andere Tiere angeht, ist der Geruch entscheidend. Isoliere den neuen Bewohner und lass die anderen Haustiere unter der Tür schnuppern und interagieren. Alle mit der gleichen Bürste zu bürsten hilft, den Geruch zwischen den Tieren zu übertragen und den Übergang zu erleichtern. Vorstellungen sollten langsam und immer auf positive Weise erfolgen. Tiere reagieren auf menschliche Energie – wenn du ängstlich oder nervös bist, werden die Tiere das spüren und dich möglicherweise spiegeln. Biete bei den ersten Interaktionen Lieblingsfutter, Leckerbissen oder Spielzeug an, damit andere Haustiere mit positiven Dingen assoziiert werden. Für Katzen ist vertikaler Raum sicherer Raum. Ermögliche Zugang zu hohen Regalen, großen Kratzbäumen usw., damit Katzen das Gefühl haben, unerwünschter Aufmerksamkeit anderer Tiere entfliehen zu können."

CORI LYNN STANLEY
Averting CAT-astrophe

//Die Einführung einer neuen Katze oder eines Kätzchens in ein Zuhause mit vorhandenen Haustieren muss sorgfältig und sehr vorsichtig erfolgen. In der Regel betrachtet eine Katze, die bereits bequem in einem Zuhause lebt, jeden Neuzugang in ihrem Revier als Bedrohung. Platziere jede neue Katze in einem separaten Raum mit Futter, Wasser und einer Katzentoilette. Eine ältere, gut etablierte Katze, die bereits im Haus lebt, wird wissen, dass es einen neuen „Gast" gibt. Der ausgeprägte Geruchs- und Hörsinn von Katzen ist viel intuitiver, als wir denken. Setze die Trennung für mehrere Tage fort. Nur unter sehr genauer Beobachtung und kontrollierten Bedingungen sollte eine Vorstellung stattfinden. Während du mit ruhiger und beruhigender Stimme sprichst, sollte eine visuelle und etwas distanzierte Einführung erfolgen. Ein wenig Fauchen ist in den meisten Fällen zu erwarten. Lasse die Katzen nicht

▐▐ WEITER ➜

83

unbeaufsichtigt, bis sie sich beide wohlfühlen und miteinander vertraut sind."

LARRY KACMARCIK
Blue Moon Cat Sanctuary

"*Werden Katzen Kindern vorgestellt, ist es wichtig, dafür zu sorgen, dass die Katzen keine Angst vor ihnen entwickeln. Lass die Kinder zunächst auf dem Boden sitzen und erlaube ihnen, die Katze zu streicheln oder zu halten. Bringe den Kindern bei, wie sie Spielangeln benutzen können, um mit dem Kätzchen zu interagieren. Achte darauf, dass du deinen Kindern beibringst, wie Grenzen bei Tieren aussehen, da sie nicht sprechen können. Dinge wie Fauchen, flach angelegte Ohren, aufgeplusterte Schwänze und Pfotenhiebe sind alles Zeichen, mit denen das Haustier signalisiert, dass man Abstand halten soll."*

AMANDA HODDER
Kitten Rescue Life

"*Das neue Kätzchen sollte sich zu Beginn in einem separaten Raum getrennt von deiner aktuellen Katze oder deinen Katzen und mit geschlossenen Türen aufhalten. Du kannst anfangen, die Tiere getrennt auf jeder Seite der Tür zu füttern. Du solltest darauf achten, dass sie beginnen, unter der Tür miteinander zu spielen. Sie werden anfangen, ihre Pfoten unter die Tür zu stecken und hin und her nach einander zu tappen. Wenn sie verspielt und sanft sind, sind sie vielleicht bereit, sich für kurze Besuche zu sehen. Halte diese kurz und verlängere sie mit der Zeit. Wenn die Tiere gereizt oder frustriert wirken, trenne sie wieder. Um deinen Katzen zu helfen, sich an den Geruch des neuen Kätzchens zu gewöhnen, solltest du jeder ein Handtuch zum Liegen geben. Dann kannst du sie austauschen, damit sie sich an den Geruch des anderen gewöhnen können. Du kannst dies auch tun, indem du sie die Räume tauschen lässt."*

JOANNA LANDRUM
Rutherford County Cat Rescue

KAPITEL 6

Ernährung und Gesundheitsvorsorge

Es gibt unzählige Ratschläge zur Katzenpflege, und selbst als Fachperson, die mit Katzen arbeitet, ist es wirklich schwer zu entscheiden, welchen man folgen sollte. Dem folgenden Kapitel sei der Hinweis vorangestellt, dass ich weder Tierärztin noch Katzenernährungsberaterin bin; ich empfehle lediglich, was sich für mich als langjährige Katzenbesitzerin, Tierschützerin und Verhaltensberaterin am besten bewährt hat. Welche Entscheidungen du auch immer bezüglich der Ernährung und Gesundheit deiner Katze triffst, stelle sicher, dass du gründlich recherchierst und vertraue auf die Wissenschaft und deinen Tierarzt.

*Foto Von
Michele Fellows*

Die Fütterung deiner Katze

Trockenfutter? Nassfutter? Rohfutter? Wie viel? Wie oft? Macht es einen Unterschied, ob du ein Kätzchen oder eine Seniorkatze hast? Wenn du in den Tierfachhandel gehst, siehst du Regalreihen voller Futter. Es kann überwältigend sein, sich entscheiden zu müssen. Das Wichtigste ist jedoch, dass Katzen strikte Fleischfresser sind. Anders als Hunde, die Gemüse in ihrer Ernährung vertragen und davon profitieren können und sogar mit vegetarischer oder veganer Ernährung überleben können, sind Katzen darauf ausgelegt, Fleisch und nur Fleisch zu fressen.

FÜTTERUNG MIT TROCKENFUTTER

Wenn du in deinem Supermarkt zum Regal mit Tierfutter gehst und einen beliebigen Beutel Katzentrockenfutter nimmst, wirst du wahrscheinlich feststellen, dass die Hauptzutat, die auf dem Beutel genannt wird, meist kein Fleisch ist. Ich habe mir das angeschaut und festgestellt, dass die ersten vier Zutaten gemahlener Mais, Maiskleber, Geflügel-Nebenerzeugnismehl und Sojamehl waren. Beachte, dass Geflügel-Nebenerzeugnisse die gemahlenen, verarbeiteten Teile der Kadaver von geschlachtetem Geflügel wie Köpfe, Füße, unentwickelte Eier und Eingeweide sind – also kein wirkliches Fleisch. Das soll nicht heißen, dass ein durchschnittlicher Beutel günstiges Supermarkt-Katzenfutter seinen Zweck gar nicht erfüllt – zum Überleben reicht dieses Futter, aber nicht zum Gedeihen. Wenn du im Tierfachhandel ein zufälliges Trockenfutter wählst, das etwas teurer ist – es muss nicht das teuerste sein, aber im mittleren Preissegment – wirst du wahrscheinlich eine ganz andere Zusammensetzung von Zutaten sehen: Entbeintes Huhn, Hühnermehl, Putenmehl und Süßkartoffeln waren in dem Beutel, den ich mir angesehen habe.

Trockenfutter ist die häufigste Art von Futter, die Menschen ihren Katzen geben, und das aus gutem Grund. Es ist kostengünstig und einfach zu füttern. In meinem Haus füttere ich ein ähnliches Futter mittlerer Qualität wie im obigen Beispiel und achte immer darauf, dass echtes Fleisch die erste Zutat auf dem Beutel ist. Ich möchte, dass das Futter meiner Katze nahrhaft und gesund ist, und wir alle wissen, dass Mais keinen wirklichen Nährwert hat. Ein Trockenfutter mittlerer bis hoher Qualität ist eine gute Wahl für deine Katze, aber ich empfehle, nicht ausschließlich Trockenfutter zu füttern, und zwar aus folgendem Grund.

NASSFUTTER

Katzen trinken nicht viel Wasser. Die heutige Hauskatze hat sich vor

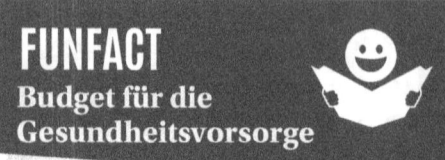

FUNFACT
Budget für die
Gesundheitsvorsorge

Tierarztbesuche machen einen großen Teil der Ausgaben aus, die du für deine Katze haben wirst. Von regelmäßigen Untersuchungen über Notfallversorgung bis hin zur Behandlung einer chronischen Erkrankung können die Kosten sich summieren. Eine beliebte Option, um für diesen Fall zu planen, ist der Abschluss einer Tierkrankenversicherung für deine Katze. Es gibt verschiedene Tarife, einige konzentrieren sich auf Präventivmaßnahmen, andere decken Notfallkosten ab. Ein Sparkonto speziell für Tierarztkosten ist eine weitere ausgezeichnete Wahl für diejenigen, die keine monatliche Prämie zahlen möchten. Lege stattdessen jeden Monat einen festen Betrag für zukünftige Tierarztkosten zurück, was dir Seelenfrieden gibt und deiner Katze eine gesunde Zukunft sichert.

langer Zeit aus wüstenbewohnenden Katzen entwickelt. Das bedeutet, dass Katzen von Natur aus einen geringen Durst haben und mit sehr wenig Wasser überleben können. Außerdem trinken viele Katzen lieber nicht aus einer stehenden Wasserschüssel und werden natürlich von fließendem Wasser angezogen. Deshalb will deine Katze nur aus der Badewanne oder dem Waschbecken trinken! Du kannst dem entgegenwirken, indem du ihr einen Trinkbrunnen anbietest.

Warum ist es wichtig, sicherzustellen, dass Katzen genug Wasser bekommen, unabhängig von der Genetik? Weil mangelnde Wasseraufnahme zu Dehydrierung führt, was zu Harnwegserkrankungen wie Nierenerkrankungen, Blasensteinen, Entzündungen der Blase (Zystitis) und mehr führen kann. Besonders bei älteren männlichen Katzen können diese Probleme zu einem Harnwegsverschluss führen, was ein lebensbedrohlicher Notfall ist.

Aber zurück zum Nassfutter – Nassfutter enthält natürlich Feuchtigkeit und ist eine einfache Möglichkeit, mehr Wasser in die Ernährung deiner Katze zu bringen. Da die meisten Katzen wählerische Trinker sind, kann das einfache Hinzufügen von etwas zusätzlichem Wasser zum Nassfutter deiner Katze einen großen Unterschied machen. Deshalb empfehle ich immer, das Trockenfutter deiner Katze mit etwas Nassfutter zu ergänzen oder vollständig Nassfutter zu füttern.

Machen wir den gleichen Test mit Nassfutter wie mit dem Trockenfutter im Tierfachhandel. Wir wissen, dass Katzen Fleischfresser sind, und wir brauchen Fleisch als Hauptzutat in dem Futter, das wir für sie auswählen. Ich habe eine Dose einer der günstigsten Optionen im Supermarkt herausgenommen und die Zutaten untersucht. Diesmal waren die ersten vier Zutaten Wasser, Leber, Huhn und Rind. Selbst die günstigste Option von Nassfutter hat bessere Zutaten als das Trockenfutter im mittleren Preissegment! Als nächstes wählte ich ein Nassfutter im mittleren Preissegment und las diese Zutaten: Huhn, Hühnerleber, Pute, Hühnerbrühe. Nicht allzu unterschiedlich. Meine Schlussfolgerung ist, dass es nicht wirklich wichtig ist, welche Marke von Nassfutter du wählst; es bietet eine natürlichere Ernährung für deine Katze mit hochwertigeren Zutaten.

ROHFÜTTERUNG

Rohfütterung ist nichts, was ich persönlich mit meinen Katzen ausprobiert habe, aber es wird bei Katzenbesitzern immer beliebter und sollte deshalb erwähnt werden. Der Reiz liegt darin, dass es eine natürlichere Ernährung für deine Katze ist und mehr dem ähnelt, was ihre wilden Vorfahren gefressen haben. Kommerziell zubereitetes rohes Katzenfutter gibt es in vier Formen: gefroren, gefriergetrocknet, dehydriert und luftgetrocknet. Es gibt viele Marken auf dem Markt, und sie können gekühlt, gefroren oder in Schachteln oder Beuteln angeboten werden. Viele Katzenbesitzer bereiten das Futter selbst zu, aber bitte beachte, dass du erhebliche Recherchen anstellen musst, wenn du dies tun möchtest, und es reicht nicht aus, deiner Katze einfach rohes Hühnchen aus dem Supermarkt anzubieten.

Katzen brauchen eine ausgewogene Ernährung, die ihre Nährstoffbedürfnisse vollständig erfüllt; zum Beispiel muss jedes Katzenfutter genug von der Aminosäure Taurin enthalten. Wenn du Interessedaran hast, die Rohkost deiner Katze selbst zuzubereiten, so gibt es viele Websites und Facebook-Gruppen, die sich der Rohfütterung widmen. Derzeit empfehlen das Bundesinstitut für Risikobewertung (BfR), das Robert Koch-Institut (RKI) und die Bundestierärztekammer (BTK) nicht, deine Haustiere mit einer Rohkost zu füttern.

Foto Von
Charlyn Johnson

WIEVIEL UND WIE HÄUFIG?

Im Allgemeinen lassen Katzenbesitzer entweder ständig Futter stehen (typischerweise Trockenfutter) oder füttern zu bestimmten Zeiten. In meinem Haus mache ich eine Kombination aus beidem: Meine Katzen haben ständig Trockenfutter zur Verfügung, und ich füttere sie auch zweimal täglich zu festgelegten Zeiten mit Nassfutter. Laut einer Umfrage von VetStreet.com füttern 65 Prozent der Katzenbesitzer ihre Katzen nach Belieben, und nur 35 Prozent füttern portionskontrollierte Mahlzeiten.

Die freie Fütterung birgt einige Risiken. Es ist schwierig zu überwachen, wie viel deine Katzen fressen, wenn du mehrere Katzen hast. Es kann auch

Foto Von
Megan Cullen

EXPERTENRAT

Welche Ernährungsratschläge sollte jeder neue Katzenbesitzer kennen?

//Nassfutter ist am besten. Die Nieren von Katzen brauchen viel Wasser, um optimal zu funktionieren. Natürliche Beutetiere wie Mäuse bestehen zu 74% aus Wasser. Nassfutter gibt Katzen genau diese Wassermenge. Bei Trockenfutter benötigen Katzen zusätzliches Wasser, das sie nicht aus dem Futter bekommen, und Katzen trinken in der Regel nicht genug aus ihrem Wassernapf.

ANNA SEALS
Central Indiana Foster Cats

//Jedes Dosen- oder Nassfutter ist besser als jedes Trocken-/Krokettenfutter für Katzen. Katzen sind strikte Fleischfresser und müssen tierisches Protein zu sich nehmen. Zwinge ihnen nicht deine Ideale auf, wenn du Veganer oder Vegetarier bist. Rohfütterung hat ihre Vorteile, aber wenn du selbst Futter zubereitest, informiere dich auf Ernährungsseiten, um sicherzustellen, dass du alle notwendigen Vitamine und Mineralstoffe bereitstellst.

KATIE JOHNSON
Actually Rescuing Cats

//Kauf nicht das schlechteste, billigste Futter, aber die wirklich teuren Sorten brauchst du auch nicht. Nimm kein Katzenfutter mit zugesetzten Farbstoffen. Katzen sehen sowieso keine Farben, und es ist nicht gesund. Finde heraus, was deine Katze mag. Probiere ein paar Marken aus, aber bleibe am besten bei einer Sorte, bis die Katze davon gelangweilt ist.

DIANE RANDOLPH
Spay Neuter Your Pet (SNYP)

//Wasser, Wasser, Wasser. Katzen sind keine geborenen Trinker und brauchen Wasser, damit ihre Nieren gut funktionieren. Was die Ernährung betrifft, ist Nassfutter, in das noch etwas Wasser zugegeben wird, viel besser als Trockenfutter

MARGARET SLABY
Golden Oldies Cat Rescue

„Die Mägen von Katzen sind viel empfindlicher als die von Hunden. Wenn du das Futter wechselst oder neue Futtersorten einführst, sollte dies schrittweise über mehrere Tage erfolgen, um Durchfall zu vermeiden. Außerdem: LIES DIE ZUTATENLISTE! Katzen sind strikte Fleischfresser, keine Vegetarier. Sie würden niemals in ein Maisfeld gehen und denken: „Lecker!" Mais ist nur ein billiger Füllstoff. Die Hauptzutat sollte echtes Fleisch sein.

SANDY, MITBEGRÜNDERIN
(CLAWS) Cats Lives Are Worth Saving

„Achte auf das Gewicht; es ist wirklich ungesund für eine Katze, dick zu sein. Sorge für Bewegung. Fördere das Spielen. Bringe Katzen bei, auf einem Laufband zu laufen (es gibt spezielle für Katzen). Wenn du feststellst, dass deine Katze zu viel zunimmt, wechsle zu einem kalorienärmeren/fettärmeren Futter und steigere ihre Aktivität. Du kannst deine Katze frei füttern, solange du darauf achtest, was sie frisst und ihr Gewicht im Auge behältst.

LYNDA STREEPER
Humane Society of Northern Virginia

„Ich selbst füttere eine Mischung aus Dosen- und Trockenfutter. Eine begrenzte Menge Nassfutter und eine Schüssel Trockenfutter, die immer zur Verfügung steht. Dazu gibt es mehrere Wassernäpfe an verschiedenen Stellen. Es ist besser, die Wassernäpfe nicht direkt neben den Futternäpfen zu platzieren. In freier Wildbahn fressen und trinken Katzen nicht am selben Ort.

BETSY BALLENGER
Cat Action Team

„Katzen nehmen 90 % ihrer Flüssigkeit über die Nahrung auf. Das kann mit Trockenfutter nicht erreicht werden, und daher sind Katzen, die ausschließlich Trockenfutter fressen, ständig dehydriert. Wenn es um Katzen geht, ist selbst das billigste Nassfutter besser als das hochwertigste Trockenfutter. Füttere so viel Nassfutter, wie dein Budget erlaubt. Zu uns kommen so viele Katzen mit Harnwegsverschlüssen, Harnwegsinfektionen, Nierenproblemen, Diabetes usw. – lauter Beschwerden, die direkt mit der Fütterung von Trockenfutter in Verbindung gebracht werden können.

KELLI GRAZIANO
The Kitten Nursery

"Genau wie bei Menschen sorgt eine gute Ernährung, besonders in jungen Jahren, für eine solide Grundlage für ein langes, gesundes Leben. Frage immer deinen Tierarzt nach Empfehlungen für das beste Futter für dein Haustier. Und biete immer altersgerechtes Futter an. Kätzchen können mit Erwachsenenfutter nicht wachsen und gedeihen.

CORI LYNN STANLEY
Averting CAT-astrophe

"Katzen sind strikte Fleischfresser. Sie können ohne Fleisch nicht überleben und brauchen es in ihrer Ernährung. Das ist das Wichtigste, was man über Katzen wissen muss. Ich persönlich esse kein Fleisch, aber ich weiß, dass ich diese Erwartung niemals an mein Haustier stellen könnte. Ich kenne eine Tierschutzorganisation, die eine Pflegestelle hatte, die vegan war. Ohne es der Organisation zu sagen, fütterte sie die Katze mit veganer Nahrung, und leider verstarb die Katze. Außerdem ist Trockenfutter nicht gut für Katzen. Es kann viele Probleme wie Gewichtsprobleme verursachen und zu Kristallbildung führen, was besonders für männliche Katzen tödlich sein kann. Es ist in Ordnung, wenn du etwas Trockenfutter füttern möchtest, aber bitte sorge dafür, dass deine Katze täglich Nassfutter bekommt.

AMANDA HODDER
Kitten Rescue Life

"Es gibt viele hochwertige Futtermittel, die eine ausgewogene Ernährung für deine Katze bieten. Wir verwenden auch Nahrungsergänzungsmittel wie Fischöl, D-Mannose Cranberry, Lysinpulver und Forti-Flora, je nach den Bedürfnissen unserer Katzen. Fischöl ist sehr vorteilhaft, und wir besprechen die Verabreichung dieser Ergänzungsmittel immer mit unserem Tierarzt, bevor wir sie einsetzen.

SHANNON BASNER
Mojo's Hope/Alaska's KAAATs

zu Fettleibigkeit bei Katzen führen, die zu viel fressen. Wenn wir jedoch Freigängerkatzen betrachten, die Mäuse jagen müssen, um zu überleben, muss die durchschnittliche Katze mindestens acht Mäuse pro Tag fressen, um zu leben. Wenn wir davon ausgehen, dass die Katze eine Stunde braucht, um jede Maus zu fangen, sind das acht Stunden am Tag, die mit Jagen und Fressen verbracht werden. Von Natur aus sind Katzen darauf eingestellt, viele kleine Mahlzeiten (z. B. Mäuse) den ganzen Tag über zu sich zu nehmen. Deshalb kann es für sie frustrierend sein, ihnen die freie Fütterung zu verwehren und ihnen nur zwei Mahlzeiten am Tag anzubieten.

Wenn du dir Sorgen machst, dass deine Katze zu viel frisst, gibt es viele Slow-Feeder und Futterrätsel-Optionen auf dem Markt für Katzen, die Beschäftigung und geistige Stimulation bieten und das Fressen verlangsamen können, da die Katzen jetzt für ihr Futter arbeiten müssen. Das Einfüllen einer portionskontrollierten Menge Futter in ein Futtersuchspielzeug kann bedeuten, dass eine Mahlzeit für eine Katze mehrere Stunden statt nur wenige Minuten dauert.

Wofür auch immer du dich entscheidest, achte auf Fütterungsempfehlungen auf der Verpackung, um zu bestimmen, wie viel deine Katze täglich haben sollte. Im Durchschnitt benötigt eine erwachsene Katze 20-33 Kilokalorien pro Tag pro Pfund Körpergewicht. Verwende das untere Ende (20 Kilokalorien pro Pfund) für übergewichtige, inaktive Katzen und das obere Ende (33 Kilokalorien pro Pfund) für energiegeladene oder untergewichtige Katzen. Futter, das für Kätzchen oder Seniorkatzen gekennzeichnet ist, kann kalorienreicher sein als Futter, das für alle Lebensphasen bestimmt ist. Ich empfehle, Kätzchenfutter bis zum Alter von einem Jahr zu füttern und Seniorfutter zu füttern, sobald deine Katze zwischen sieben und zehn Jahre alt ist.

Erster Tierarztbesuch und wie man einen Tierarzt findet

Deine neue Katze hat sich zu Hause eingelebt. Sie hat deine anderen Familienmitglieder kennengelernt, sowohl zwei- als auch vierbeinige, und du hast entschieden, was und wie du sie füttern wirst. Jetzt ist es Zeit, über den ersten Tierarztbesuch nachzudenken. Viele Tierheime und Tierschutzor-

Foto Von
Fagan Yusifli

ganisationen empfehlen, deine Katze innerhalb von zwei Wochen nach der Adoption zum Tierarzt zu bringen, auch wenn sie gesund ist, und das aus gutem Grund. Du möchtest nie, dass der erste Besuch deiner Katze beim Tierarzt ein Notfall ist. Einen Tierarzt im Voraus zu finden und deine Katze für einen Check-up-Besuch mitzunehmen, etabliert dich als Patient und beginnt deine Beziehung zum Tierarzt.

Das ist sogar noch wichtiger, wenn du die Katze als Streuner gefunden hast oder wenn du die Katze von einem privaten Vorbesitzer bekommen hast. In diesem Fall solltest du die Katze so schnell wie möglich zum Tierarzt bringen, bevor Begegnungen mit anderen Haustieren oder Menschen stattfinden. Wie wir in diesem Kapitel noch ausführlicher erfahren werden, können Katzen Träger aller möglichen Krankheiten sein, vom Fellnen Immundefizienz-Virus (FIV) bis hin zu etwas so Einfachem wie Flöhen. Wenn die Katze eine unbekannte Vorgeschichte hat oder wenn der vorherige Besitzer sie nicht regelmäßig beim Tierarzt vorgestellt hatte, ist ein sofortiger Tierarztbesuch unabdingbar.

Wenn du noch keine Beziehung zu einem Tierarzt wegen früherer oder aktueller Haustiere aufgebaut hast, kann es eine nervenaufreibende Aufgabe sein, einen zu finden. Es gibt viele Möglichkeiten, und es ist nicht immer die beste Lösung, einfach den Tierarzt zu wählen, der am nächsten liegt. Hier sind einige Tipps für die Auswahl des richtigen Tierarztes für deine Katze:

Suche nach einer katzenfreundlichen Praxis, die nur Katzen behandelt oder besonders stressarm arbeitet. Das ist ein Hinweis darauf, dass das Personal eine spezielle Ausbildung absolviert hat, damit deine Katze den Besuch beim Tierarzt so entspannt und zufrieden wie möglich erleben kann.

- Bitte um Empfehlungen! Wen empfiehlt das Tierheim oder die Tierschutzorganisation? Wohin gehen deine Freunde?
- Überprüfe die Bewertungen. Schau dir Google-, Facebook- und andere Bewertungen an und sieh, was die Kunden denken.
- Rufe an und stelle Fragen. Welche Dienstleistungen bieten sie an? Machen sie Notfallbesuche? Wie lange dauert es durchschnittlich, einen Termin zu bekommen, wenn du anrufst?
- Frage nach den Gebühren. Wie hoch ist ihre Untersuchungsgebühr? Akzeptieren sie Ratenzahlungen oder Finanzierungsmöglichkeiten? Qualität hat natürlich ihren Preis, aber es ist auch wichtig, dass du dir die Grundversorgung oder auch einen Notfall leisten kannst, sollte dieser eintreten.

Denke daran, alle Tierarztunterlagen mitzunehmen, die dir von der Tier-

Foto Von
Tzu-Fang Wang

schutzorganisation oder dem vorherigen Besitzer gegeben wurden, und bringe deine Katze zu ihrer eigenen Sicherheit in einer stabilen Transportbox mit. Wenn du bei deinem ersten Besuch nicht völlig zufrieden bist, ist es in Ordnung, dich anderweitig umzusehen! Hole eine zweite Meinung ein oder besuche einfach eine andere Praxis und verschaffe dir einen Eindruck von dieser. Natürlich möchtest du nur die beste Behandlung für dein neues Kätzchen!

Präventive Gesundheitsvorsorge

Du weißt, dass deine Katze zum Tierarzt muss... aber wann? Wie oft? Du musst sie auf jeden Fall einmal nach der Adoption mitnehmen und danach in der Regel jährlich für Vorsorgeuntersuchungen, es sei denn, es gibt ein Problem. Sprich immer offen mit deinem Tierarzt über die spezifischen Bedürfnisse deiner Katze. Das Folgende ist eine Verallgemeinerung dessen, was du bei diesen Tierarztbesuchen erwarten kannst und was deine Katze das ganze Jahr über braucht, um gesund zu bleiben.

Damit die Ausgaben im Rahmen bleiben, solltest du vielleicht in eine Tierkrankenversicherung investieren. Einige Versicherungsgesellschaften bieten eine Krankenversicherung für deine Haustiere an, die dir bestimmte medizinische Ausgaben und Verfahren erstatten kann. Tierkrankenversicherungen kosten ab etwa 20 Euro pro Monat und decken in der Regel die Grundbedürfnisse ab, das heißt die Vorsorge, Unfälle und Krankheiten, je nach deinem Tarif. Es ist wichtig zu beachten, dass Tierkrankenversicherungen keine bei Abschluss bereits bestehenden Erkrankungen abdecken. Das heißt, wenn du zum Beispiel eine Katze mit einer Nierenerkrankung adoptierst, keine Behandlung für diese Krankheit abgedeckt wird. Eine Tierkrankenversicherung ist keine Voraussetzung für den Katzenbesitz, aber es lohnt sich, nachzusehen, ob sie zu deinem Lebensstil und Budget passt.

IMPFUNGEN

In der Regel benötigen erwachsene Katzen zwei Hauptimpfungen: gegen Tollwut und RCP (Rhinotracheitis, Calicivirus und Panleukopenie); beide Impfungen werden jährlich verabreicht. Kätzchen benötigen eine Serie von drei RCP-Auffrischungsimpfungen, und erwachsene Katzen mit völlig unbekannter Impfgeschichte sollten eine zweite Auffrischungsimpfung erhalten. Diese Impfungen sind nicht verpflichtend, viele Tierärzte raten aber dazu. Es gibt auch noch einige andere Impfungen, wie die Feline Leukämievirus (FeLV)-Impfung, aber die meisten davon werden von Tierärzten nicht durchgängig empfohlen.

STERILISIERUNG UND KASTRATION

Davon ist schon ausführlich die Rede gewesen, aber das Thema ist zu wichtig, um es nicht noch einmal zu erwähnen. Wenn du eine Katze nach Hause bringst, die nicht kastriert/sterilisiert ist, besprich dies mit deinem Tierarzt bei deinem ersten Besuch. Kastration und Sterilisation gelten als vorbeugende Gesundheitsvorsorge, da sie nicht nur zur Kontrolle der Überpopulation von Katzen beitragen, sondern auch Krankheiten wie Krebs und Pyometra bei deinem Kätzchen verhindern.

FLOH- UND ZECKENBEHANDLUNG

Unabhängig davon, ob deine Katze nach draußen geht oder nicht, ist es immer angeraten, ihr Floh- und Zeckenmittel zu verabreichen. Wenn du Hunde hast, die sich draußen aufhalten, könnten sie Flöhe mit nach Hause bringen, oder wenn du im Wald wanderst, könntest du eine Zecke an deiner Kleidung mit zurückbringen. Im Allgemeinen ist das beste Floh- und Zeckenmittel eines, das dein Tierarzt empfiehlt und verschreibt. Ich empfehle keine rezeptfreien Medikamente, besonders keine Flohhalsbänder.

Obwohl sie für Katzen vermarktet werden, sind Flohhalsbänder in der Regel nicht ausreichend sicher für sie. Katzen können die gefährlichen Chemikalien auf dem Halsband aufnehmen, wenn sie sich putzen. Noch schlimmer ist es, wenn sie beim Versuch, es abzustreifen, ihren Unterkiefer unter dem Halsband einklemmen. Dabei kann sich deine Katze vergiften, was lebensbedrohlich werden kann. Lokal angewendetes Flohmittel wird zwischen den Schulterblättern der Katze aufgetragen, wo sie beim Putzen nicht hinkommt und daher die Substanz nicht aufnehmen kann. **Verwende niemals Flohmittel, das für Hunde bestimmt ist, bei Katzen, da dies deine Katze töten kann!**

BLUTUNTERSUCHUNG UND TEST AUF FIV/FELV

Viele Tierärzte empfehlen jährliche Blutuntersuchungen, sobald eine Katze sieben Jahre oder älter ist, um Tests auf Krankheiten des Herzens oder Hyperthyreose durchzuführen. Darüber hinaus sollte mindestens einmal im Leben der Katze Blut abgenommen werden, um auf Felines Immundefizienz-Virus (FIV) und Felines Leukämievirus (FeLV) zu testen.

FIV wird vor allem durch tiefe Bisswunden und bei der Paarung übertragen – gelegentlich auch von der Mutterkatze auf das Kätzchen. FIV kann nicht durch das Teilen von Futterschüsseln oder Katzentoiletten oder durch engen Kontakt mit einer anderen Katze übertragen werden. Aus diesem Grund sind sich die meisten Katzenexperten einig, dass FIV-positive und FIV-negative Katzen mit wenig oder keinem Risiko zusammenleben können, solange die Katzen sich gut vertragen, nicht oft kämpfen und alle kastriert/sterilisiert sind. FIV ist am häufigsten bei unkastrierten Männchen, die im Freien leben und häufig in Revierkämpfe verwickelt sind. Zwischen 2 und 5 Prozent der Katzen in Europa sind betroffen. Das Virus beeinträchtigt das Immunsystem. Die meisten FIV-positiven Katzen haben über Jahre keine Symptome und können ein langes, normales, gesundes Leben führen, sind aber anfälliger für Krankheiten, Infektionen und Zahnprobleme. Aufgrund ihres geschwächten Immunsystems sollten FIV-positive Katzen am besten drinnen gehalten, mit hochwertigem Futter gefüttert und regelmäßig zum Tierarzt gebracht werden. Es gibt keine Heilung für FIV. Eine Übertragung auf Hunde oder Menschen ist nicht möglich.

Im Unterschied dazu stellt FeLV die zweithäufigste Todesursache bei Katzen nach Traumata dar. Typischerweise überleben Katzen nur etwa drei Jahre nach einer Diagnose. Symptome von FeLV können Gewichtsverlust, schlechter Zustand des Fells, Fieber und Infektionen, neurologische Störungen und mehr umfassen. Wie FIV betrifft FeLV nur Katzen und kann nicht auf Menschen oder andere Tiere übertragen werden. Es kann durch engen Kontakt mit anderen Katzen verbreitet werden sowie durch Speichel, Urin, Kot und Blut. Putzen und Kämpfe sind die führenden Übertragungsmethoden, aber es kann auch durch das Teilen einer Katzentoilette oder Wasserschüssel verbreitet werden.

Wenn deine Katze positiv auf FeLV getestet wird, sollte dies nicht als Todesurteil behandelt werden. Viele altmodische Tierärzte werden immer noch die Einschläferung empfehlen, selbst für scheinbar gesunde Katzen, die derzeit asymptomatisch sind. Frage nach dem PCR- oder IFA-Test, anstelle des von den meisten Tierärzten vor Ort verwendeten Standard-ELISA-Tests. Diese Tests können genauer sein, da der Standard-"Kombi"-Test oft falsch positive Ergebnisse liefert.

Die meisten Tierheime und Tierschutzorganisationen werden deine Katze vor der Adoption auf FIV/FeLV testen, so dass du die Katze wahrscheinlich nicht selbst testen lassen musst. Wenn du dich jedoch entschieden hast, eine Streunerkatze aufzunehmen, bedenke den Fall, dass du andere Katzen hast oder dir die zusätzlichen Tierarztkosten, die mit diesen Krankheiten verbunden sind, nicht leisten kannst.

UNTERSUCHUNG VON URIN UND KOT

Katzenurin und -kot ist nicht jedermanns Lieblingsthema, aber es ist nicht verkehrt, sie regelmäßig bei deinem Tierarzt testen zu lassen. Nierenerkrankungen, Diabetes und Harnwegsinfektionen können durch Urintests gefunden werden, und viele häufige Parasiten können durch Kottests gefunden werden.

ZAHNPFLEGE

Ja, die Zähne deiner Katze sollten jährlich untersucht werden, genau menschliche Zähne. Dein Tierarzt wird während der Untersuchung einen Blick in den Mund deiner Katze werfen und kann Zahnpflegeleckerlis oder sogar Zähneputzen empfehlen. Alle Katzen profitieren auch von regelmäßigen Zahnreinigungen beim Tierarzt – Katzen mit perlweißen Zähnen leben länger, da Infektionen im Mund in andere Körperteile wandern und andere Probleme verursachen können.

Woher weißt du, wann es Zeit für den Tierarzt ist?

Wie bereits erwähnt, sollten die meisten Katzen mindestens einmal im Jahr zum Tierarzt für eine Untersuchung gehen und ihre Impfungen aktualisieren lassen, ganz gleich, ob sie krank sind oder nicht. Dein Tierarzt kann einen Besuch alle sechs Monate empfehlen, wenn deine Katze gesundheitliche Probleme hat oder ein Senior ist. Aber woher weißt du, ob deine Katze früher gehen muss?

- **Probleme mit der Katzentoilette:** Viele Menschen behaupten schnell, dass ihre Katze ein „Mistkerl" sei oder dass die Katze einfach unartig ist, wenn sie anfängt, ihr Geschäft außerhalb der Katzentoilette zu verrichten. Entgegen der landläufigen Meinung verschmähen Katzen jedoch nicht aus Trotz ihre Toilette. Meistens versuchen sie dir damit mitzuteilen, dass ihnen etwas wehtut. Wenn Katzen schmerzhaftes Urinieren oder Defäkieren erleben, kann es sein, dass sie diesen Schmerz mit dem Ort wie zum Beispiel die Katzentoilette in Verbindung bringen.

Infolgedessen verlassen sie die Katzentoilette, um nach einem Ort zu suchen, an dem es nicht weh tut.

Auch wenn du beobachtest, dass deine Katze sich beim Toilettengang anstrengt, länger als ein oder zwei Tage Durchfall hat oder übermäßig viel uriniert, so sind dies Probleme, die sofortige tierärztliche Aufmerksamkeit erfordern. Anstrengung beim Urinieren kann ein Zeichen für einen lebensbedrohlichen Harnverschluss sein, und übermäßiges Urinieren kann auf Diabetes hinweisen. Blut in der Katzentoilette in jeder Form ist auch ein großes Warnsignal. Katzentoilettenprobleme können verhaltensbedingt sein (siehe nächstes Kapitel), aber wenn mit dem Urin- oder Kot selbst etwas nicht stimmt, sollte sofort ein Besuch beim Tierarzt erfolgen.

- **Infektionen der oberen Atemwege:** Was hat es mit dem gefürchteten „Katzenschnupfen" auf sich? Infektionen der oberen Atemwege kommen häufig bei Katzen vor, die in ein neues Zuhause wechseln, besonders wenn sie aus einer überfüllten Tierheimumgebung kommen. Diese Infektionen werden durch Stress verschlimmert und sind an laufenden Augen und Nase (manchmal begleitet von gelbem oder grünem Ausfluss), Niesen und Verstopfung erkennbar. Obwohl leicht behandelbar, können sie große Probleme verursachen, wenn sie nicht rechtzeitig behandelt werden.

- **Appetitlosigkeit oder Erbrechen:** Wenn deine Katze ihre Nase über ihre Lieblingsleckerlis rümpft, ist das ein Zeichen dafür, dass etwas ganz und gar nicht stimmt. Das kann alles bedeuten, angefangen von Zahnproblemen, die Schmerzen im Mund verursachen, bis hin zu Pankreatitis. Obwohl ein hervorgewürgter Haarball ab und zu normal ist, ist häufiges Erbrechen es nicht. Deine Katze könnte innere Parasiten, eine Nahrungsmittelallergie oder sogar eine ernsthafte Infektion haben. Regurgitation (Erbrechen von unverdautem Futter direkt nach dem Fressen) kann durch die Verwendung eines Slow-Feeder-Napfes gelöst werden, aber wenn deine Katze anfängt, Gewicht zu verlieren oder wenn die Regurgitation weiterhin länger als ein paar Tage auftritt, ist es Zeit, den Tierarzt zu besuchen.

- **Offensichtlicher körperlicher Schmerz oder Trauma:** Kratzt deine Katze ständig an ihrem Maul? Hinkt sie? Hast du gesehen, wie sie von oben auf den Kühlschrank gefallen ist, oder hast du versehentlich ihren Schwanz in der Tür eingeklemmt? War sie in einem Kampf mit einem anderen Tier oder wurde von einem Auto angefahren? Es versteht sich von selbst, dass bei Schmerzen oder Verletzungen ein Tierarzt aufzusuchen ist. Achte auch auf subtile Anzeichen von Schmerzen, wie zum

Beispiel, dass deine Katze länger als sonst zögert, auf die Couch zu springen, gereizter als üblich ist, sich nicht putzt oder Streicheln und Interaktion vermeidet.

- **Hautläsionen oder kahle Stellen:** Dies kann auf alles von flohallergischer Dermatitis (FAD) bis hin zu Ringelflechte hindeuten. Ringelflechte tritt typischerweise um die Ohren, den Kopf und die Vorderbeine auf und ist für Menschen ansteckend. Es kann ein langwieriger und schwieriger Prozess sein, sie bei Katzen zu behandeln. FAD ist im Allgemeinen am auffälligsten am Rücken und Hinterteil der Katze.

- **Schlechter Geruch:** Wenn du den Atem deiner Katze von der anderen Seite des Raumes riechen kannst, ist es Zeit, zum Tierarzt zu rennen, nicht zu gehen. Obwohl ein bisschen stinkender Thunfischatem normal ist, ist ein starker Geruch ein Zeichen für eine Infektion. Zahnerkrankungen sind bei Katzen häufig, und eine Infektion im Mund kann tatsächlich in den Rest ihres Körpers wandern und weitere Probleme verursachen. Es kann auch vorkommen, dass Haut oder die Ohren deiner Katze Gerüche absondern, was ebenfalls auf Infektionen hinweist. Katzen sind typischerweise sehr saubere Tiere, also wenn sie aufhören, sich zu putzen, oder nicht mehr mit der Selbstreinigung mithalten können, ist das auch ein Zeichen dafür, dass etwas nicht stimmen könnte.

- **Atembeschwerden:** Das ist ein medizinischer Notfall. Es könnte bedeuten, dass deine Katze Asthma hat und einen Inhalator benötigt, oder sie könnte ernsthaft erkrankt sein, zum Beispiel an Herzschwäche. Bei allen Atemproblemen sollte direkt die Tierklinik aufgesucht werden.

- **Ungewöhnliche Knubbel und Beulen:** Bemerkst du beim Streicheln deiner Katze einen Knoten, der vorher nicht da war? Es muss nichts zu bedeuten haben, aber es könnte auch etwas so Ernstes wie ein Tumor sein. Es ist am besten, den Tierarzt einen Blick darauf werfen zu lassen – sicher ist sicher.

- **Flöhe oder Würmer:** Es gibt rezeptfreie Behandlungen für beides, aber wenn du Schwierigkeiten hast, sie in Schach zu halten, ist es immer am besten, den Tierarzt zu konsultieren und eine verschreibungspflichtige Behandlung zu bekommen. Flöhe können alles von Flohallergischer Dermatitis (mit juckende, kahlen Stellen) bis hin zu Anämie verursachen, und Wurmbefall kann einen aufgeblähten Bauch, Durchfall und Gewichtsverlust zur Folge haben, wenn nicht dagegen vorgegangen wird.

- **Fettleibigkeit:** Etwa 30 Prozent der Hauskatzen in Deutschland werden als fettleibig eingestuft. Adipositas ist eine ernsthafte Krankheit, die zu vielen Gesundheitsproblemen führen kann. Sie verkürzt die Lebensdauer einer Katze und erhöht ihr Risiko für Krebs, Diabetes, Herzerkrankungen, Blasensteine, Arthritis, Bluthochdruck und einiges mehr. Sprich lieber früher als später mit deinem Tierarzt über die Entwicklung eines Diät- und Bewegungsplans für deine Katze, wenn sie überflüssige Pfunde ansetzt.

- **Jede plötzliche Verhaltensänderung:** Ist deine Katze normalerweise sehr energiegeladen und aufgeschlossen, aber jetzt versteckt sie sich im Schrank? Schläft sie immer in deinem Bett jede Nacht, aber zur Zeit schläft sie stattdessen unter ihm? Miaut sie plötzlich übermäßig oder beißt und kratzt dich, obwohl sie das vorher nie getan hat? Es könnte sein, dass sie versucht, dir mitzuteilen, dass sie krank ist oder Schmerzen hat. Das Wichtigste, worauf du achten solltest: Verhält sich deine Katze ungewöhnlich, nimm es ernst.

PFLEGE VON FELL UND HAAREN

Viele neue Haustierbesitzer machen sich Sorgen über das Haaren und die vielen Tierhaare in ihren Häusern. Bestimmte Rassen haaren weniger als andere, aber größtenteils haaren alle Katzen zumindest ein wenig. Selbst haarlose Katzen entwickeln Schmutz- und Ölansammlungen und hinterlassen braune Flecken auf deinen Möbeln, wenn sie nicht regelmäßig gebadet werden! Katzen wie Bengalen, Devon Rex, Sibirische Katzen und Siamesen neigen dazu, weniger zu haaren als andere Rassen. Trotzdem sollte man sich bewusst machen, dass es keine wirklich hypoallergene Katze gibt. Wenn du unter Allergien gegen Katzen leidest, ist es sehr wichtig, dass du ein Tier der Rasse, die du in Betracht ziehst, zuerst triffst und Zeit mit ihm verbringst, bevor du es nach Hause holst, da Katzenallergien kompliziert sein können. Bist du allergisch gegen Hautschuppen oder Speichel? Wenn du allergisch gegen Speichel bist, kannst du sogar gegen haarlose Katzen allergisch sein!

Um das Haaren zu bewältigen, verwende mindestens einmal pro Woche einen Fellpflegehandschuh oder eine Bürste für deine Katze. Wenn deine Katze das Bürsten nicht genießt, kannst du ihr helfen, sich daran zu gewöhnen, indem du kurze Sitzungen mit Leckerlis und Spielzeit verbindest, damit sie anfängt, sich auf das Bürsten zu freuen. Es kann nicht so schlimm sein, wenn sie die ganze Zeit Leckerlis bekommt, oder? Katzen benötigen in der Regel kein Baden, da sie sich sehr sauber halten. Wenn deine Katze übermäßig schmutzig wird oder schmerzhafte Verfilzungen in ihrem Fell entwickelt hat, ist es vielleicht am besten, sich an einen professionellen Tierpfleger zu wenden. Wenn es möglich ist, suche nach einem Tierpfleger, der zu dir kommt, anstatt deine Katze in einen Salon zu bringen. Fellpflege, die beinhaltet, Verfilzungen zu entfernen oder zu baden, macht keiner Katze Spaß, und der Aufenthalt in einem unbekannten Raum, vielleicht sogar gemeinsam mit Hunden, kann den Stress verschlimmern. Es ist immer einfacher für deine Katze, wenn du ihre Pflegesitzungen zu Hause abhältst.

Regelmäßige Ohrenreinigung und Nagelschneiden tut Katzen ebenfalls gut. Du kannst ein Flasche Ohrenreinigungslösung von deinem Tierarzt oder rezeptfrei in einem Tierfachhandel bekommen. Gieße ein wenig von der Lösung auf einen Wattebausch und wische alle paar Wochen die Innenseiten der Ohren deiner Katze aus. Nagelschnitte sollten ca. alle zwei Wochen durchgeführt werden, um die Nägel deiner Katze kurz zu halten. Das verhindert, dass sie mit ihren Krallen in Teppichen und Möbeln hängen bleibt, und reduziert das Risiko, dass versehentlich Menschen Kratzer abbekommen.

Das Nagelschneiden sollte vom Kätzchenalter an durchgeführt werden, um deine Katze früh daran zu gewöhnen. Berühre die Pfoten deines Kätzchens täglich und gewöhne es daran, dass du sanft seine Zehen drückst, um seine Krallen herauszuholen. Belohne es danach mit einem Leckerli, und es wird anfangen zu lernen, dass gutes Benehmen beim Pfoten-Handling zu einer leckeren Belohnung führt! Wenn du eine erwachsene Katze adoptiert hast, die kein Fan vom Nagelschneiden ist, versuche, eine Ablenkung zu verwenden. Stelle eine Schüssel mit Nassfutter oder Thunfisch hin und schneide einen Nagel nach dem anderen, mit regelmäßigen Pausen und häufigen Unterbrechungen, wenn die Katze unter Stress steht oder sich wehrt. Schneide nur das Ende des Nagels ab, gehe nie über das Nagelbett hinaus, das ist der rosa Teil; es kann Blutungen verursachen und ist schmerzhaft für die Katze. Stelle sicher, dass du Nagelschneider verwendest, die speziell für Katzen bestimmt sind, egal ob du den Scheren- oder Guillotine-Stil bevorzugst.

Nagelschneiden kann eine stressige Zeit für Katzen sein, die nicht daran gewöhnt sind. Es ist am besten, die Hilfe einer anderen Person in Anspruch zu nehmen, um die Katze stillzuhalten, wenn du kannst, aber du solltest eine Katze, die sich wehrt, nicht dazu zwingen, es über sich ergehen zu lassen. Es ist in Ordnung, wenn das Nagelschneiden eine Weile dauert – mache einfach eine Kralle nach der anderen und gestalte das Erlebnis so positiv wie möglich. Häufige Pausen sind in Ordnung! Es geht darum, die Toleranz der Katze im Laufe der Zeit aufzubauen, und Gewalt kann ihre Abneigung und Gegenwehr nur verschlimmern. Wenn du dich nicht wohl dabei fühlst, die Nägel deiner Katze selbst zu schneiden, so ist jeder Tierpfleger oder Tierarzt in der Lage, dies relativ kostengünstig für dich zu tun.

EXPERTENRAT

Hast du gute Tipps für Fellpflege und Haaren?

„Wenn du deine Katze als Kätzchen bekommst, gewöhne sie frühzeitig an das Bürsten, das Kürzen der Krallen und das Zähneputzen. Das wird sich später auszahlen! Es ist schwierig, eine erwachsene Katze an solche Dinge zu gewöhnen, aber es ist möglich... langsam. Biete Leckerlis während oder direkt nach dem Zähneputzen an. Ich habe meine Katzen daran gewöhnt, sich die Zähne putzen zu lassen, indem ich ihnen danach gefriergetrocknetes Hühnchen gegeben habe (das mögen sie), und jetzt springen sie auf die Arbeitsplatte und warten darauf, dass ich ihre Zähne putze, damit sie ihr Hühnchen bekommen! Wenn du eine langhaarige Katze hast, ist regelmäßiges Bürsten unerlässlich."

MARGARET SLABY
Golden Oldies Cat Rescue

„Katzen reinigen sich von Natur aus selbst und ausreichend. Die langhaarigen Rassen wie Perser und Maine Coons benötigen jedoch regelmäßiges Bürsten. Wird dieses Ritual vernachlässigt, verfilzt das Fell und verknotet sich nahe am Körper. Abgesehen von der Sauberkeit kann dies für die Katze recht schmerzhaft sein, wenn man nicht eingreift. Es ist ratsam, deine Katze schon in jungen Jahren an regelmäßiges Bürsten zu gewöhnen."

LARRY KACMARCIK
Blue Moon Cat Sanctuary

„Die meisten Katzen müssen nicht gebadet werden. Sie sind wahre Putzmaschinen, aber Bürsten und Krallenschneiden ist trotzdem notwendig! Am besten beginnst du mit der Fellpflege (Krallen und Bürsten) im jungen Alter. Mach es zu einem Teil des ‚Spielens' und gehe langsam vor. Schneide eine Kralle pro Tag, wenn dein felliger Freund nicht mehr aushalten kann; du musst nicht alle Krallen auf einmal schneiden, wenn deine Katze nicht in Stimmung ist!"

LINDA DIAMOND
SoBe Cats Spay & Neuter, Inc.

WEITER

„Es ist wichtig, deine kurzhaarige Katze wöchentlich zu bürsten oder zu kämmen. Mittel- und langhaarige Katzen sollten mindestens zweimal pro Woche gebürstet werden. Verfilzungen können an der Haut ziehen, und die Katzenhaut ist papierdünn, sodass jeder Zug schmerzhaft ist. Ich empfehle einen FURminator für jede Felllänge, um lose Haare zu entfernen."

OLIVIA NAGEL
Crystal Creek Rescue

„Gute Ernährung trägt viel zur Fellpflege und zur Reduzierung des Haarausfalls bei! Eine richtig ernährte Katze sollte kaum Hilfe benötigen, um sauber zu bleiben. Katzen sind reinliche Tiere und hassen es, schmutzig zu sein, daher erledigen sie den Großteil der Arbeit für dich. Regelmäßiges Bürsten fördert aber die Bindung zwischen dir und deinem Kätzchen und hilft, den Haarausfall zu reduzieren, indem lose oder abgestorbene Haare entfernt werden."

CORI LYNN STANLEY
Averting CAT-astrophe

„Bürste deine Katze regelmäßig. Tägliches Bürsten ist besonders für langhaarige Katzen wichtig, vor allem im Sommer. Schneide vorsichtig alle Verfilzungen, die auftreten können. Katzen mit besonders langem, dichtem Fell können von einem Haarschnitt durch einen professionellen Tierfriseur profitieren, der Erfahrung mit Katzen hat."

ROSEMARY TOROK
Community Cat Companions

„Haustiere werden sich nie leicht pflegen lassen, bis ihre Besitzer konsequent, geduldig und sanft bei der Fellpflege sind! Führe das Bürsten als positive, spaßige Zeit mit Leckerlis ein, und deine Katze wird es zu einer angenehmeren Erfahrung für alle Beteiligten machen. Zusätzlich dazu fördert die Fütterung mit hochwertigem Futter ein gesünderes Fell."

ELIZABETH FUDGE
Companion Animal Alliance

KAPITEL 7

Probleme lösen

Irgendwann in deiner Beziehung zu deiner neuen Katze wirst du wahrscheinlich auf Verhaltensprobleme stoßen. Ob es sich um ein paar Häufchen außerhalb der Katzentoilette handelt oder darum, das Beißen und Kratzen deines Kätzchens beim Spielen zu kontrollieren – du musst wissen, wie du am besten mit auftretenden Problemen umgehst. Denke daran, dass jedes Verhaltensproblem mit deinem Tierarzt besprochen werden sollte. Du kannst dich auch mit einem Verhaltenstherapeuten für Katzen treffen. Seriöse Katzenverhaltensberater findest du über die Webseite des VdTT (Berufsverband der Tierverhaltensberater und Tiertrainer e.V.) oder durch eine Suche nach zertifizierten Katzenpsychologen und Katzenverhaltensberatern in deiner Region.

Bei schwerwiegenden Verhaltensproblemen wie umgeleiteter oder angstbedingter Aggression, musst du möglicherweise sowohl mit deinem Tierarzt als auch mit einem Katzenverhaltensberater zusammenarbeiten oder einen spezialisierten Tierverhaltenstherapeuten konsultieren. Für diese schweren Fälle empfehle ich dringend, mit deinem Tierarzt auch über verhaltensregulierende Medikamente zu sprechen. Dieses Kapitel beschreibt einige der häufigsten Verhaltensprobleme, die auftreten können, um dir zu helfen, sie zu verstehen und zu bekämpfen.

Positive Verstärkung funktioniert

Positive Verstärkung bedeutet, eine Belohnung zu geben (für eine Katze ist das normalerweise ein Leckerli, ein Spielzeug oder Streicheln/Lob), um die Wahrscheinlichkeit zu erhöhen, dass ein Verhalten wiederholt wird. Wenn du deiner Katze zum Beispiel ein Leckerli gibst, weil sie am Kratzbaum statt an deiner Couch kratzt, wird sie ermutigt, beim nächsten Mal wieder zum Kratzbaum zu gehen. Oft denken Katzenbesitzer nicht an positive Verstärkung, wenn es um Katzentraining geht. Wir denken sofort: „Ich muss meine Katze davon abhalten, an meiner Couch zu kratzen!", wenn wir eigentlich denken sollten: „Ich muss meiner Katze zeigen, woran sie kratzen darf." Aufgrund dieser verbreiteten Denkweise greifen viele Katzenbesitzer zu Bestrafungstechniken wie das Bespritzen der Katze mit Wasser, das Schütteln einer Dose mit Münzen und verbale Zurechtweisungen.

Positive Bestrafung bedeutet, etwas Unangenehmes hinzuzufügen, um unerwünschtes Verhalten zu verringern. Einfach ausgedrückt: Es funktioniert nicht. Deine Katze mit Wasser zu bespritzen, weil sie an der Couch kratzt, löst das Problem nicht. Katzen müssen kratzen. Es ist ein natürliches Verhalten, das ihnen erlaubt, sich zu strecken, ihr Revier zu markieren und ihre Krallen zu schärfen. Wir werden sie nicht davon abhalten können, dieses Verhalten ausführen zu wollen oder zu müssen, egal wie sehr sie dafür bestraft werden. Wenn deine Katze an der Couch kratzt, musst du sie umleiten und sie ermutigen, zum richtigen Platz zu gehen. Du musst diesen Platz auch attraktiver machen als deine Couch. Später gibt es mehr Informationen über destruktives Kratzen. Schauen wir uns jetzt genau an, warum Training mit

Foto Von
Cassie O'Dell

Strafen bei Katzen nicht hilfreich oder effektiv ist:

- Es kann mehr Probleme schaffen. Ich höre oft das Argument: „Aber es tut der Katze nicht weh!" Nein, eine Katze mit Wasser zu bespritzen mag ihr körperlich nicht schaden, aber es fühlt sich sicherlich auch nicht gut an. Es funktioniert, weil es die Katze vertreibt, indem es bei ihr Angst, Stress und Unruhe auslöst. Unter Stress uriniert eine verängstigte Katze häufig außerhalb der Katzentoilette, versteckt sich ständig oder wird aggressiv. Du könntest unbeabsichtigt ein Problemverhalten durch ein anderes ersetzen.

- Es kann deine Beziehung zu deiner Katze schädigen. Ja, deine Katze weiß, dass du derjenige bist, der die Strafe durchführt, und sie kann dich direkt mit dem schlechten Erlebnis in Verbindung bringen. Wenn sie wegläuft, wenn sie sieht, dass du die Sprühflasche nimmst, wird sie bald weglaufen, sobald sie dich sieht. Mit der Zeit wird deine Katze jegliches Vertrauen in dich verlieren, und du wirst daran arbeiten müssen, es wieder aufzubauen.

- Es bringt der Katze nicht bei, was du von ihr willst. Oft verstehen Katzen nicht, wofür sie bestraft werden. Damit Bestrafung tatsächlich funktioniert und wirkt, müssen sehr strenge Richtlinien befolgt werden.

  1. Erstens muss die Bestrafung spätestens zwei Sekunden nach dem unerwünschten Verhalten erfolgen.
  2. Zweitens muss sie jedes Mal erfolgen, wenn das unerwünschte Verhalten auftritt (wenn Mieze also an der Couch kratzt, während du nicht zu Hause bist, hast du Pech gehabt).
  3. Drittens muss die Bestrafung unangenehm genug sein, um die Katze vom Verhalten abzuhalten, aber nicht so sehr, dass sie sie erschreckt.

Da diese Schritte im realen Leben fast unmöglich umzusetzen sind, wird deine Katze wahrscheinlich nur lernen, das Verhalten zu zeigen, wenn du nicht zu Hause bist.

- Es ist hartherzig. Im Großen und Ganzen ist das Bespritzen deiner Katze mit Wasser relativ mild. Allerdings habe ich Katzenbesitzer kennengelernt, die körperliche Bestrafung oder den Nackengriff anwenden, weil sie es schon immer so gemacht haben. Es gibt Produkte wie die Scat Mat, die deine Katze mit einem Stromschlag bestrafen, wenn sie auf deine Arbeitsplatte springt. Es gibt jedoch bessere Methoden. Stell dir vor, du hast zwei große Tests vor dir. Wenn du den ersten bestehst, bekommst du 100 Euro. Wenn du den zweiten bestehst, bekommst du nichts, aber wenn du durchfällst, wirst du angeschrien und bekommst einen Eimer

Wasser über den Kopf. Beide Ergebnisse werden dich motivieren zu bestehen, aber ich garantiere dir, dass du dir wegen des zweiten Tests mehr Sorgen machen und gestresster sein wirst.

Du kannst einer Katze durch positive Verstärkung fast alles beibringen. Sie kann lernen, auf Kommando zu sitzen, durch einen Reifen zu springen, von deinen Arbeitsplatten fernzubleiben, an der Leine zu gehen – die Möglichkeiten

FUNFACT
Training: Nur für Hunde?

Es ist ein Mythos, dass Katzen nicht trainiert werden können. Und obwohl der Prozess etwas anders aussehen mag als bei einem Hund, kann es mit Geduld und positiver Verstärkung gelingen. Der Deutsche Tierschutzbund empfiehlt zwei fünfminütige Trainingseinheiten pro Tag, wenn du deiner Katze ein bestimmtes Verhalten oder einen Trick beibringen möchtest. Bei Katzen ist das Clickertraining besonders effektiv.

sind endlos. Wenn deine Katze der „Hände-weg"-Typ ist und es nicht genießt, gestreichelt zu werden, kannst du ihr sogar helfen, es zu genießen, indem du eine kurze Streicheleinheit mit einem hochwertigen Leckerli wie Thunfisch oder Hühnchen verbindest. Du kannst ihr beibringen, die Anwesenheit einer anderen Katze in deinem Zuhause zu akzeptieren, indem du ihr jedes Mal ein Leckerli gibst, wenn sie die neue Katze sieht. Und du kannst ihr natürlich beibringen, einen Kratzbaum richtig zu benutzen und von deiner Couch fernzubleiben. Positive Verstärkung funktioniert und ist eine großartige Möglichkeit, die Bindung zwischen dir und deiner Katze zu stärken.

Probleme mit der Katzentoilette

Der häufigste Grund für die Abgabe von Katzen in Tierheimen ist, dass sie aufhören, die Katzentoilette zu benutzen. Verständlicherweise finden viele Katzenbesitzer dies sehr schwierig zu bewältigen, und manche geben schnell der Katze die Schuld, weil sie boshaft oder wütend sei. Aber Katzen handeln nicht aus Wut oder Bosheit. Auch wenn wir es nicht verstehen, haben sie in ihrem Kopf einen guten Grund, außerhalb der Toilette ihr Geschäft zu verrichten. Es ist unsere Aufgabe herauszufinden, warum. Hat unsere Katze Schmerzen? Mag sie die Art der Streu nicht? Wird sie von einem anderen Tier im Haushalt gemobbt? Sobald wir die Ursache des Problems entdeckt haben, können wir einen Plan erstellen, wie wir am besten damit umgehen.

MEDIZINISCHE GRÜNDE

Meistens ist das Urinieren außerhalb der Toilette ein Zeichen für ein medizinisches Problem. Wenn deine Katze nicht ins Katzenklo macht – sei es „groß" oder „klein" –, solltest du als ersten Schritt immer den Tierarzt anrufen. Es ist bekannt, dass Urin außerhalb der Toilette auf eine Harnwegsinfektion hindeuten kann, aber wusstest du, dass es auch ein Anzeichen für ernstere Probleme wie Diabetes, Nierenerkrankungen oder Schilddrüsenüberfunktion sein könnte? Bei älteren oder krallenlosen Katzen könnte es auch ein Zeichen dafür sein, dass deine Katze Arthritis oder Rückenschmerzen hat, die es ihr unmöglich machen, in eine Toilette mit höheren Seiten zu klettern. Wenn deine Katze häufig in die Hocke geht, um zu urinieren, aber nichts herauskommt, handelt es sich wahrscheinlich um eine Verstopfung der Harnwege, wobei es sich um einen lebensbedrohlichen Notfall handelt.

Wenn das unsaubere Verhalten deiner Katze medizinisch bedingt ist, könnten dir folgende Anzeichen auffallen:

- Urinflecken können überall aufzufinden sein – auf dem Boden, auf deiner Kleidung, auf dem Teppich, neben der Toilette, weit weg von der Toilette usw. Normalerweise, wenn Leute berichten, dass die Katze „überall im Haus pinkelt", liegt es daran, dass die Katze aktiv nach einem Platz sucht, an dem die Ausscheidung nicht schmerzt. Sie wird oft fälschlicherweise den Schmerz mit dem Ort in Verbindung bringen, an dem sie sich befindet, anstatt mit dem Akt des Urinierens. Aus diesem Grund wird sie beginnen, die Toilette zu meiden, weil sie jedes Mal Schmerzen hat, wenn sie dorthin geht.

- Obwohl das Markieren an Wänden und Möbeln meist territorial bedingt ist, kann auch eine Harnwegsinfektion bei manchen Katern zu Sprühverhalten führen.

- Wenig bis gar kein Urin ist in der Toilette zu sehen; meistens hören Katzen ganz auf, die Katzentoilette zu benutzen.

- Urinieren am falschen Ort wird wahrscheinlich jeden Tag oder sogar fast jedes Mal passieren.

- Besonders wenn der Stuhl sehr hart oder sehr weich ist, kann auch die Defäkation außerhalb der Toilette medizinisch bedingt sein.

- Ob Urinieren oder Defäkation, medizinische Probleme treten plötzlich auf, oft bei Katzen, die keine Vorgeschichte mit Problemen bei der Ausscheidung haben. Sie können als „neu" oder „aus dem Nichts" beschrieben werden.

- Begleitende Verhaltensweisen umfassen wiederholtes Betreten und Verlassen der Toilette, Anstrengung beim Urinieren, Schreien oder Vokalisieren in der Katzentoilette und übermäßiges Lecken der Genitalien. Es kann auch Blut im Urin oder Stuhl sein, und beides riecht möglicherweise besonders schlecht. Jedes Mal, wenn deine Katze Schmerzen oder Unbehagen hat, kann sie sich auch häufiger verstecken oder beginnen, Anzeichen von Aggression zu zeigen.

Dein Tierarzt kann eine Urinanalyse und/oder Urinkultur, eine Kotuntersuchung und/oder Röntgenaufnahmen empfehlen, um festzustellen, ob es eine medizinische Ursache für das Verhalten deiner Katze gibt.

ABNEIGUNG GEGEN DAS KATZENKLO

Nach medizinischen Gründen ist Abneigung oder Vermeidung der zweithäufigste Grund, warum Katzen beginnen, ihre Katzentoilette zu meiden. Einfach ausgedrückt – deine Katze mag ihre Katzentoilette einfach nicht. Viele in Zoohandlungen verkaufte Katzentoiletten sind so gestaltet, dass sie Menschen ansprechen, aber Katzen nicht, was dazu führt, dass Katzen sie meiden. Wenn eine Katze ihre Katzentoilette nicht mag, passieren ‚Unfälle' oft in unmittelbarer Nähe davon – auf einer glatten, leicht zu reinigenden Fläche. Die Spuren sind immer auf dem Boden und treten häufig auf. Es kann sich sowohl um Kot als auch um Urin handeln. Häufig treten die Probleme nach einer Änderung des Standorts, der Art der Toilette oder der Art der Streu auf. Manchmal benutzt eine Katze jahrelang dieselbe Katzentoilette und toleriert etwas, das sie nicht mag, und wird dann schließlich einfach müde und protestiert. Schauen wir uns einige der Fragen an, die du dir stellen könntest, wenn deine Katze beschließt, dass sie woanders hingehen möchte als in ihre Katzentoilette:

Wird die Katzentoilette ausreichend gereinigt?

Auch wenn es selbstverständlich klingt, aber Katzen sind sehr reinliche Tiere. Genau wie du keine schmutzige Toilette benutzen möchtest, wollen sie das auch nicht. Ich höre oft von Katzenbesitzern, die nur ein- oder zweimal pro Woche die Streu reinigen, und das ist einfach nicht akzeptabel. Besser ist es, die Katzentoiletten jeden Tag zu reinigen und noch besser, sie zweimal am Tag zu reinigen, besonders wenn du mehrere Katzen hast. Leere deine Toiletten alle paar Wochen vollständig aus und schrubbe sie mit milder Seife und Wasser, und ersetze deine Katzentoiletten einmal im Jahr vollständig.

Was ist in der Katzentoilette?

Katzen wissen instinktiv, wie man eine Katzentoilette benutzt, und müssen nicht als Kätzchen darauf trainiert werden. Dieser Instinkt stammt von den ursprünglichen Wüstenkatzen, die um 7500 v. Chr. domestiziert wurden. Ihr natürlicher Lebensraum war die Wüste, wo sie ihre Ausscheidungen im Sand vergruben. Wir haben seitdem einen weiten Weg zurückgelegt. Die traditionelle Tonstreu wurde erst 1947 erfunden, gefolgt von klumpender Tonstreu in den 1980er Jahren. Weiche Tonstreu repliziert das ursprüngliche Gefühl von Sand aus längst vergangenen Zeiten, und es fühlt sich für Katzen natürlich an, sie zu benutzen. Viele Katzen mögen keine Pellet- oder Kristallstreu, da sie scharf und unangenehm für ihre Pfoten sein kann.

Im Allgemeinen bevorzugen Katzen einfache, unparfümierte Streu, da einige der blumigen oder fruchtigen Düfte für ihre Nasen zu stark sein können. Der beste Weg, deine Katzentoilette frisch zu halten, ist, sie oft zu reinigen! Wenn du allergisch gegen Ton bist, ist Streu auf Maisbasis die nächstbeste Wahl. Andere Optionen sind Papierstreu für arthritische oder krallenlose Katzen oder staubarme Tonstreu für Katzen mit Asthma. Du könntest auch Cat-Attract-Streu für Katzen mit einer Vorgeschichte von Katzentoilettenvermeidung in Betracht ziehen.

Welche Größe hat die Katzentoilette?

Bei der Auswahl einer Katzentoilette solltest du nach einer suchen, die 1,5-mal so lang ist wie deine Katze. Das ist eine ganze Katzenlänge plus eine halbe! Deine Katze sollte sich bequem im Kreis drehen können, wenn sie in der Toilette ist. Wenn du in der Zoohandlung keine Toilette findest, die diese Anforderungen erfüllt, kannst du deine eigene Katzentoilette aus einer Plastikaufbewahrungsbox aus dem Baumarkt herstellen. Wenn deine Katze ihre Ausscheidungen unmittelbar bei der Toilette oder direkt über dem Rand abgibt, kann es sein, dass deine Toilette einfach zu klein ist.

Wo steht die Katzentoilette?

Du solltest mehrere Toiletten im ganzen Haus haben, mindestens eine auf jeder Etage, in Bereichen, die privat und ruhig, aber nicht isoliert sind und erkennbare Fluchtwege aufweisen. Es ist unter Katzenbesitzern üblich, die stinkende, unattraktive Katzentoilette in einer dunklen Ecke des Kellers verstecken zu wollen. Stell dir jedoch einfach vor: Wenn du ganz oben unter dem Dach im Bett liegst und auf die Toilette musst, würdest du dann gern den ganzen Weg in den Keller gehen? Nach einer Weile würdest du es wahrscheinlich leid sein und in ein Haus mit einer Toilette im Obergeschoss umziehen. Katzen können nicht woanders hinzuziehen, also suchen sie sich einen bequemeren Platz zum Austreten. Katzentoiletten sollten nicht in stark frequentierten Bereichen stehen, aber sie müssen in der Nähe von Orten sein, an denen du und deine Katze euch aufhaltet, damit sie leicht zugänglich sind.

Foto Von
Nicole Serrano

Zu wievielen Toiletten hat die Katze Zugang?

Nur eine Katzentoilette ist nicht genug, auch wenn du nur eine Katze hast. Die Faustregel lautet: eine Katzentoilette pro Katze plus eine zusätzliche. Das bedeutet, wenn du eine Katze hast, brauchst du mindestens zwei Toiletten; zwei Katzen, drei Toiletten und so weiter. Zwei Toiletten direkt nebeneinander zählen nur als eine Toilette. Sie müssen in verschiedenen Räumen und auf verschiedenen Etagen verteilt sein, damit sie von überall im Haus aus leicht zugänglich sind. Außerdem bevorzugen viele Katzen, in einer Katzentoilette zu urinieren und in einer anderen zu defäkieren. Wenn du also nur eine Katzentoilette in deinem Zuhause hast, kann deine Katze sich entscheiden, stattdessen auf den Boden zu pinkeln oder zu koten.

Ist die Katzentoilette abgedeckt?

Eine Studie hat einmal gezeigt, dass Katzenbesitzer mit abgedeckten Katzentoiletten diese weniger regelmäßig reinigen. Aus den Augen, aus dem Sinn. Denk an eine abgedeckte Toilette wie an ein Katzen-Dixi-Klo. Niemand benutzt sie gerne. Sie sind innen schmutzig und stinken, und sie sind klein und eng. Abgedeckte Toiletten haben nur einen Fluchtweg, also wenn du eine Mobber-Katze hast, kann deine schüchternere Katze die Toilette meiden, weil sie sich darin gefangen fühlt. Ähnlich würde ich selbstreinigende oder automatische Katzentoiletten vermeiden, da viele von ihnen unangemessen dimensioniert sind oder laute, beängstigende Geräusche abgeben, die deine Katze davon abhalten könnten, sie zu benutzen. Es gibt Ausnahmen von jeder Regel, aber die meisten Katzen bevorzugen tendenziell eine Toilette, die groß, offen und unbedeckt ist.

MARKIEREN/SPRÜHEN

Das Markieren mit Urin bei Katzen ist leicht zu erkennen. Es gibt das „Rückwärts und Schütteln", bei dem sie rückwärts an eine Wand, Couch oder ein Fenster herangeht und im Stehen auf eine vertikale Fläche uriniert. Dieses Verhalten wird traditionell mit intakten männlichen Katzen in Verbindung gebracht, kann aber auch bei weiblichen Katzen und kastrierten Männchen auftreten. Die Kastration oder Sterilisation deiner Katze beseitigt oder reduziert das Markierungsverhalten erheblich bei 90 Prozent der Männchen und 95 Prozent der Weibchen. Da dies ein territoriales Verhalten ist, tritt es am häufigsten auf, nachdem ein neues Haustier in den Haushalt gekommen ist oder eine wilde bzw. freilaufende Katze in deinen Garten gezogen ist. In diesem Fall wird deine Katze ihre Katzentoilette weiterhin für normales Urinieren benutzen.

Foto Von
Tara Haley

Um Markieren oder Sprühen zu bekämpfen, ist die einfachste Lösung, deine Katze drinnen zu halten und ihren visuellen Zugang nach draußen zu begrenzen, wenn du glaubst, dass das Markieren durch den Anblick von Katzen außerhalb deines Hauses ausgelöst werden könnte. Verwende artgerechte Abschreckungsmittel in deinem Garten wie Orangen- oder Zitronenschalen oder Kaffeesatz, oder ziehe bewegungsaktivierte Sprinkler oder Ultraschall-Tierabwehrmittel in Betracht. Bei fremden Freigängerkatzen in deinem Garten solltest du dich an örtliche Tierschutzorganisationen wenden, die bei der professionellen und rechtmäßigen Kastration helfen können - in Deutschland ist es Privatpersonen nicht erlaubt, fremde Katzen eigenmächtig zu kastrieren. Wenn du kürzlich eine neue Katze adoptiert hast und glaubst, dass dies der Auslöser für Markierverhalten bei deiner „alten" Katze ist, ist die beste Vorgehensweise, die Katzen zu trennen und sie langsam wieder zusammenzuführen, wie in einem früheren Kapitel beschrieben.

In der Zwischenzeit solltest du immer einen enzymatischen Reiniger wie Nature's Miracle oder Angry Orange verwenden, um Urinflecken zu beseitigen. Diese Reiniger entfernen nicht nur den Fleck, sondern brechen tatsächlich den Uringeruch auf, so dass die Katze nicht versucht sein wird, aufgrund eines anhaltenden Geruchs zu diesem Ort zurückzukehren. Hänge Alufolie an Wände oder Fenster, wo deine Katze zuvor markiert hat, als Abschreckung, und erwäge, zusätzliche Katzentoiletten in der Nähe des Markierungsorts aufzustellen. Wenn du deine Katze in dem Bereich fütterst, in dem sie markiert hat, kann das ihr Markierverhalten verringern.Schließlich kann auch das Aufstellen eines Kratzbaums in dem Bereich helfen, da es deiner Katze eine andere Möglichkeit gibt, ihr Territorium zu markieren. Kratzbäume sind eine visuelle und chemische Möglichkeit für Katzen, ihr Territorium zu markieren, und zwar sowohl mit den Kratzspuren, die sie auf dem Pfosten hinterlassen, als auch mit dem Duft, der von den Duftdrüsen in ihren Pfotenballen abgegeben wird. Als letzten Ausweg kannst du auch mit deinem Tierarzt über verhaltensregulierende Medikamente sprechen, um deiner Katze zu helfen, sich in ihrem Territorium wohler zu fühlen.

STRESS

Der letzte – und zugleich schwierigste – Grund dafür, dass deine Katze ihre Toilette meidet, ist Stress. Viele Dinge können deine Katze unter Stress setzen. Hier sind nur einige:

- **Neues Haustier oder Streitereien unter den aktuellen Haustieren:** Hast du gerade einen neuen Welpen adoptiert, der deine ältere Katze terrorisiert? Haben deine beiden Katzen, die sich immer gut verstanden haben, angefangen zu kämpfen? Achte auf Urin außerhalb der Katzentoilette. Katzen sind sehr territoriale Tiere, und ihre Katzentoilette ist eine wichtige Ressource. Wenn ein anderes Haustier sie daran hindert, den Raum zu betreten oder ihren Fluchtweg in der Toilette blockiert, werden sie die Toilette meiden und einen sicheren Platz zum Ausscheiden suchen.

- **Neues Baby:** Die Ankunft eines neuen Babys ist ohne Zweifel ein stressbehaftetes Ereignis für eine Katze. Ein Säugling unterbricht die gewohnte Routine; es gibt auf einmal neue Möbel, neue Geräusche und unbekannte Gerüchen. Außerdem erhält die Katze möglicherweise weniger Aufmerksamkeit von ihrem Besitzer. Oft beginnen Katzen, im Zimmer des Babys oder auf die Sachen des Babys zu urinieren, um deine Aufmerksamkeit zu bekommen. Deine Katze fühlt sich unsicher und sagt: „Hey! Ich bin immer noch hier, und das ist immer noch mein Haus!"

- **Änderung des Besitzers:** Das Territorium deiner Katze ist alles für sie. Wenn sie kratzt, sich an Möbeln reibt und ja, sogar uriniert, beansprucht sie, was ihr gehört. Geruch ist sehr wichtig, und Katzen mögen es, wenn

EXPERTENRAT

Was ist dein bester Rat bei Katzenklo-Problemen?

„Probleme mit dem Katzenklo können verschiedene Ursachen haben. Manche Katzen mögen bestimmte Streusorten nicht. Probiere verschiedene aus. Einige mögen die Form des Klos nicht. Versuche unterschiedliche Modelle. Halte das Katzenklo immer sauber, denn ein verschmutztes Klo führt dazu, dass Katzen sich andere Plätze zum Versäubern suchen. Wir empfehlen grundsätzlich zwei Klos an zwei verschiedenen Orten pro Katze, sofern das möglich ist. Lass außerdem einen Tierarzt die Katze untersuchen, wenn sie außerhalb des Klos ihr Geschäft verrichtet; es könnte an eine Harnwegsinfektion, an Blasensteinen, an einer Nierenerkrankung usw. liegen.“

LYNDA STREEPER
Humane Society of Northern Virginia

„Der erste Schritt ist immer, medizinische Probleme auszuschließen. Harnwegsinfektionen und Blockaden sind äußerst schmerzhaft. Wenn eine Katze das Katzenklo mit Schmerzen verbindet, wird sie dieses Klo meiden. Ein Tierarztbesuch ist daher immer Schritt eins. Stelle sicher, dass du genügend Katzenklos für alle Katzen im Haushalt hast. Die Faustregel lautet: ein Klo pro Katze plus ein zusätzliches. Probiere bei Bedarf verschiedene Streusorten, verschiedene Kloformen und verschiedene Standorte aus. Nicht zuletzt ist Angst ein häufiger Grund für unangemessenes Urinieren bei Katzen. Genau wie Menschen können auch Katzen unter Angstzuständen leiden. Medikamente, die täglich verabreicht werden, können dieses Problem bei deiner Katze lösen und somit auch die Katzenklo-Probleme beheben. Katzen können auch Angst vor dem Katzenklo entwickeln, wenn eine andere Katze im Haushalt das Klo bewacht und die andere Katze daran hindert, es zu benutzen, oder wenn die Katze Angst hat, im Katzenklo eingesperrt zu werden.“

KELLI GRAZIANO
The Kitten Nursery

ihre Häuser nach ihnen riechen. Denk daran, dass die Welt deiner Katze innerhalb von vier Wänden existiert. Wenn sie in ein neues Zuhause gebracht wird, wo nichts vertraut riecht, kann das äußerst überwältigend sein. Um Stress während eines Umzugs oder beim Einbringen einer neuen Katze zu bewältigen, solltest du ihren Zugang zunächst auf einen Raum beschränken und ihr Territorium allmählich erweitern.

- **Änderung des Zeitplans oder der Routine:** Hast du früher in der Tagschicht gearbeitet und arbeitest jetzt nachts? Sind die Kinder für den Sommer aus der Schule zu Hause? Ist dein erwachsenes Kind zum Studium weggezogen? Oder ist vielleicht dein neuer Freund eingezogen? Katzen geht es am besten mit Routine und Vorhersehbarkeit, und wenn du das durcheinander bringst, kann es zu Problemen kommen.

- **Mangel an Ressourcen oder Überbelegung:** Die Ressourcen deiner Katze sind ihr Futternapf, Wassernapf, Kratzbaum, Bett, Spielzeug und Katzentoilette. Wenn sie diese Gegenstände mit anderen Katzen teilt, kann das Stress verursachen. Wenn du mehrere Katzen hast, sollten sie Zugang zu mehreren, reichlich vorhandenen Ressourcen haben. Wenn das Lieblingsbett einer Katze von einer anderen besetzt ist, sollte sie leicht einen ähnlichen, ebenso bequemen Ruheplatz finden können. Überbelegung tritt auf, wenn es nicht genug Ressourcen für mehrere Katzen gibt und sie das Gefühl haben, um den Zugang zu diesen wichtigen Gegenständen konkurrieren zu müssen.

- **Einzelereignislernen:** Psychologisch betrachtet reicht oft schon ein einzelnes Erlebnis aus, um eine dauerhafte Verknüpfung herzustellen. Möglicherweise reicht es aus, deine Katze einmal mit Hühnchen zu füttern, damit sie lernt, dass sie Hühnchen mag und in Zukunft darum betteln wird. Vielleicht ist auch nur ein Vorfall notwendig, bei dem sie in der Katzentoilette erschreckt wird, um sie dazu zu bringen, diesen Ort Zukunft zu meiden. Wenn deine Katze zum Beispiel ihre Toilette benutzt und direkt vor dem Fenster Feuerwerk losgeht, könnte sie Angst haben, zur Katzentoilette zurückzugehen, weil sie glaubt, dass es ein lautes, beängstigendes Geräusch auslösen wird, wenn sie es tut.

- **Langeweile:** Ja, Langeweile ist auch Stress. Wie ich bereits erwähnt habe, spielt sich das Leben deiner Katze innerhalb von vier Wänden ab. Wie würdest du dich fühlen, wenn du dein Haus nie verlassen könntest? Katzen brauchen jeden Tag Möglichkeiten für Bereicherung, Bewegung und Spiel!

Ein Anzeichen dafür, dass Stress die Ursache ist: Deine Katze uriniert auf weichen Flächen – etwa auf Teppichen, Wäsche oder Gegenständen, die nach dir riechen, wie deine Handtasche oder Jacke. Ob du es glaubst oder nicht, Katzen urinieren nicht auf deine Sachen, weil sie verärgert über dich sind, sondern weil sie dich lieben. Deine Katze will deine Aufmerksamkeit und kommuniziert, dass sie deine Hilfe braucht, und das auf die einzige Weise, die sie kennt.

Wenn Katzen aufgrund von Stress unsauber werden, zeigen sie oft auch andere Verhaltensauffälligkeiten wie Aggression oder Angst. Stress kann schwierig aufzulösen sein, aber es wird einfacher, sobald du in der Lage bist, zu identifizieren, was deine Katze unter Stress setzt. Spieltherapie und das Hinzufügen von Bereicherung zum Leben deiner Katze ist ein guter Anfang und wird im nächsten Kapitel ausführlicher behandelt. Auch die Verwendung von Pheromonen wie Feliway oder verhaltenswirksamen Medikamenten – rezeptfreien oder verschreibungspflichtigen – sind eine gute Option.

Destruktives Kratzen

Jetzt, wo du ein Experte für die Lösung von Katzentoilettenproblemen bist, lass uns zum destruktiven Kratzen übergehen. Kratzen ist ein normales, natürliches Verhalten für Katzen und ist nichts, was abtrainiert oder vollständig gestoppt werden kann. Kratzen dient mehreren wichtigen Zwecken:

- **Krallenpflege:** Entgegen der landläufigen Meinung schärft Kratzen nicht unbedingt die Krallen deiner Katze. Krallen wachsen in Schichten, und Kratzen hilft dabei, alte Krallenhüllen abzuziehen und neue Krallen darunter freizulegen. Wenn du jemals eine „Hülle" der Kralle deiner Katze in deinem Teppich stecken gesehen hast, weißt du, wovon ich spreche.

- **Ausstrecken:** Stell einen dicken, hohen, stabilen Pfosten auf – nichts Wackeliges oder Kurzes. Deine Katze sollte sich beim Kratzen vollständig zu einer vollen Körperstreckung ausdehnen können. Wenn diese Art von Pfosten nicht angeboten wird, wird sie wahrscheinlich Möbel oder Wände benutzen, um ihren Körper zu strecken.

- **Spielen!** Du bemerkst vielleicht, dass während oder nach einer enthusiastischen Spielsitzung deine Katze zu ihrem Kratzbaum läuft, um etwas von dieser überschüssigen Energie loszuwerden. Es kann zudem ein wirksames Ventil sein, um nervöse Anspannung zu lösen, wenn sie sich unsicher oder überfordert fühlt.

- **Visuelle und chemische Kommunikation:** Kratzen ist in erster Linie ein territoriales Verhalten. Die tatsächlichen Spuren, die das Kratzen hinterlässt, sind eine visuelle Botschaft an andere Katzen, dass deine

Katze dort war! Auch zu diesem Zweck hinterlassen Drüsen in ihren Pfotenballen ihren unverwechselbaren Duft.

Deine Katze muss kratzen, ganz einfach, aber du willst nicht, dass sie deine Sachen zerstört. Wenn du willst, dass deine Katze aufhört, an deinem Sofa zu kratzen, musst du andere Optionen anbieten, die für sie attraktiver sind. Wie bereits erwähnt ist die Verwendung von strafbasierten Techniken wie Sprühflaschen keine artgerechte oder effektive Option. Der beste Weg, um herauszufinden, welche Oberfläche für deine Katze am attraktivsten ist, ist, viele Optionen auszuprobieren. Es gibt mehrere Faktoren, die du beachten solltest, wenn du deiner Katze Kratzmöglichkeiten anbietest.

- **Vertikal, horizontal oder schräg?** Denk daran, dass deine Katze das Kratzen als Gelegenheit nutzt, eine volle Körperstreckung zu machen. Sie kann eine Vorliebe dafür haben, gerade nach oben und unten, in einem Winkel oder vollständig horizontal auf dem Boden zu kratzen. Ein normaler Kratzbaum ist möglicherweise nicht für jede Katze optimal. Wenn deine Katze den Kratzpfosten nicht benutzt, können flache Kratzmatten aus Pappe oder schräg aufgestellte Kratzbretter eine gute Alternative sein.

- **Welche Art von Oberfläche?** Pappe, Sisalseil, Teppich oder Holz? Es gibt viele verschiedene Optionen, und deine Katze zeigt bestimmt eine Vorliebe für eine von ihnen, wenn sie wählen kann.

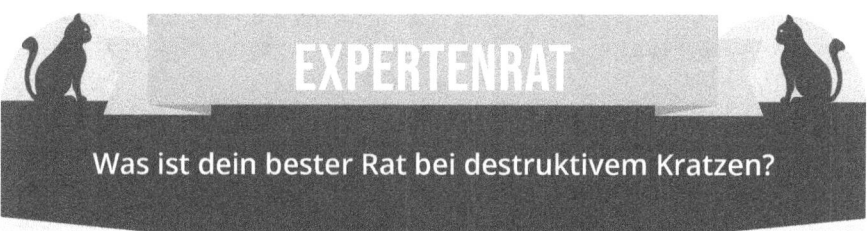

EXPERTENRAT

Was ist dein bester Rat bei destruktivem Kratzen?

//Zerstörerisches Kratzen tritt dann auf, wnn deine Katze gelangweilt ist, keine Kratzmöglichkeiten hat, die ihr gefallen, oder nicht genügend Anregung zum Spielen bekommt. Es gibt verschiedene Kratzmaterialien. Stelle mehrere an unterschiedlichen Orten auf, um herauszufinden, was sie bevorzugt. Es gibt auch Krallenkappen, die beim Schutz vor Kratzen helfen."

LYNDA STREEPER
Humane Society of Northern Virginia

//*Du kannst unerwünschtes Kratzen verhindern, indem du doppelseitiges Klebeband an deinen Möbeln anbringst. Gleichzeitig musst du deiner Katze beibringen, sich auf geeignete Weise die Krallen zu wetzen – gestalte es spielerisch und belohne sie dafür. Ideen dafür: Wackle mit einer Spielangel in der Nähe des Kratzbaums. Wenn die Katze dort kratzt, lobe sie und streichle sie. Gib ihr ein Leckerli. Du kannst sogar das richtige Kratzen vormachen, wenn die Katze zuschaut! Wenn die Katze anfängt, an der Couch zu kratzen, lenke sie um."*

LIZ OSTEN
Cat Rescue of Marlborough and Hudson (CaRMaH)

//*Die Ursache des Problems zu finden ist der erste Schritt. Zeigt die Katze dieses Verhalten, weil etwas sie triggert? Hat die Katze geeignete Kratzmöglichkeiten, die sie nutzen kann? Welche Art von Material kratzt deine Katze gerne? Welchen Winkel/welche Höhe bevorzugt die Katze? Wähle die Art von Kratzbaum, die deine Katze nutzen wird. Es gibt verschiedene Typen, Größen und Texturen. Stell den Kratzbaum an einem Ort auf, den deine Katze aufhalten wird. Um deine Katze zu ermutigen, den Kratzbaum zu benutzen, versuche Katzenminze darauf zu streuen, um sie anzulocken. Du kannst auch eines der Lieblingsspielzeuge der Katze am Kratzbaum befestigen, um sie zum Spielen damit zu ermutigen. Du kannst auch das Produkt Feliscratch ausprobieren. Das lockt die Katze zum richtigen Kratzbaum."*

SHANNON BASNER
Mojo's Hope/Alaska's KAAATs

- **Wo und wie viele?** Deine Katze braucht mehrere Gegenstände zum Kratzen, verteilt auf die stark frequentierten Bereiche deines Zuhauses und auf Orte, an denen sie die meiste Zeit verbringt. Wenn deine Katze eine Ecke deiner Couch bevorzugt, solltest du einen geeigneten Kratzgegenstand in der Nähe dieser Ecke platzieren, um eine Alternative anzubieten.

- **Ist es stabil genug?** Wenn es beim Kratzen wackelt, vergiss es! Deine Katze wird sich diesem Gegenstand nicht wieder nähern! Sorge dafür, dass der Kratzgegenstand erheblichem Druck standhalten kann beziehungsweise nicht wegrutscht , wenn er auf dem Boden liegt.

Selbst wenn du die persönliche Vorliebe deiner Katze identifiziert hast und weißt, woran sie am liebsten kratzt, reicht es möglicherweise nicht aus, ihr das einfach anzubieten, um sie davon abzuhalten, deine Couch zu benutzen. Wie wir besprochen haben, hinterlässt Kratzen visuelle und chemische Kommunikationssignale, und Katzen kehren gern wieder dorthin zurück, wo sie bereits gekratzt haben, um ihren Duft zu „erneuern". Wenn deine Katze eine Gewohnheit entwickelt hat, musst du zusätzliche Schritte unternehmen, um deine Möbeln zu schützen. Wenn du zu einer Katze „nein" sagst, musst du auch einen Weg finden, „ja" zu sagen. Das heißt, wenn du Abschreckungsmittel platzierst, um das Kratzen an einem Ort zu stoppen, solltest du dies in Verbindung mit positiver Verstärkung für angemessenes Kratzen an einem anderen Ort tun.

Viele Katzen finden doppelseitiges Klebeband unangenehm, wenn sie es mit ihren Pfoten berühren. Wenn du doppelseitiges Klebeband oder „Sticky Paws" nicht gut anwenden kannst, könntest du stattdessen Möbel in Plastik, Alufolie, Klebeband oder Packband zu wickeln. Selbst wenn die Oberfläche nicht klebrig ist, kann das Knistern, das mit Plastik oder Packband verbunden ist, Katzen vom Kratzen dort abhalten. Das sieht in deinem Zuhause zunächst vielleicht nicht besonders schön aus – aber es ist nur vorübergehend, während du deiner Katze beibringst und gezielt verstärkst, an den richtigen Stellen zu kratzen. Nachdem du deine Möbel unattraktiv gemacht hast, kannst du daran arbeiten, geeignete Kratzplätze so attraktiv wie möglich zu machen. Wenn du einfach abschreckst, ohne den geeigneten Kratzplatz zu verstärken, wird die Katze einfach zu irgendeinem anderen Ort übergehen. Einen Kratzgegenstand attraktiv zu machen, kann auf verschiedene Arten geschehen:

- **Füge Katzenminze hinzu.** Wenn deine Katze zu den etwa 70 Prozent gehört, die eine Anziehung zu Katzenminze haben, streue sie auf oder in der Nähe des Pfostens, um sie zu ermutigen, ihn zu überprüfen. Einige Kratzgegenstände werden sogar mit Katzenminze geliefert, die für diesen Zweck beigemischt ist!

- **Spielen nutzen.** Spielen ist sehr motivierend für Katzen. Lass ein Spielzeug an einer Schnur in der Nähe des Pfostens baumeln und beobachte, wie deine Katze darauf losstürzt und es packt!

- **Kratz los.** Katzen neigen eher dazu, Dinge zu kratzen, die bereits zerkratzt wurden. Nimm eine Metallgabel und zerkratze den Pfosten! Du kannst auch sanft die Pfoten deiner Katze zum Pfosten führen.

- **Gebraucht kaufen.** Genau wie Hunde nicht widerstehen können, an den Laternenpfahl zu pinkeln, an den jeder andere Hund in der Nachbarschaft gepinkelt hat, wird deine Katze einem Kratzbaum mit dem Geruch einer anderen Katze nicht widerstehen können. Suche auf Flohmärkten, oder bitte deinen Freund mit Katzen, den brandneuen

Pfosten, den du gerade gekauft hast, für ein paar Wochen in seinem Zuhause aufzubewahren, um zuerst den Geruch seiner Katzen darauf zu bekommen.

- **Belohne deine Katze.** Du willst positive Assoziationen mit dem Kratzer aufbauen. Wenn deine Katze daran schnüffelt, ihn berührt oder benutzt, halte Leckerlis bereit, damit du das Verhalten belohnen kannst. Je mehr du deine Katze dafür belohnst, den Pfosten zu benutzen, desto bereitwilliger wird sie ihn weiter benutzen.

- **Ignoriere unerwünschtes Verhalten.** Wenn deine Katze an deinem Sofa kratzt, wird dein erster Instinkt wahrscheinlich sein, in die Hände zu klatschen, zu schreien oder das Verhalten anderweitig zu unterbrechen. Wie bei Kleinkindern kann auch für deine Katze negative Aufmerksamkeit belohnend sein. Halte stattdessen eine Tüte mit Leckerlis bereit und schüttle sie, um ihre Aufmerksamkeit zu erregen. Wenn sie sich von der Couch löst und sich dir nähert, gib ihr dann ein Leckerli. Auf diese Weise belohnst du sie dafür, dass sie von der Couch weggeht und zu dir kommt, nicht fürs Kratzen.

Beißen und Aggression

Wenn deine Katze aggressiv ist, frag dich zuerst, warum sie sich so verhält – wie bei jedem anderen Verhaltensproblem auch. Katzen sind nicht boshaft, und sie werden nicht wütend auf dich, aber sie erleben Angst, Besorgnis und Stress. Zur Erinnerung: Bestrafe deine Katze nicht für Aggression; sie versucht dir einfach mitzuteilen, dass sie etwas braucht. Bei jeder plötzlichen Verhaltensänderung, einschließlich Aggression, sollte der erste Schritt ein Tierarztbesuch sein, um Schmerzen als Ursache auszuschließen. Beißen aufgrund von Schmerzen ist besonders häufig bei krallenlosen Katzen. Sobald Schmerzen ausgeschlossen wurden, können wir eingrenzen, welche Art von Aggression du siehst. Am häufigsten wirst du eine der sechs unten beschriebenen Arten sehen.

SPIELAGGRESSION

Laut dem Deutschen Tierschutzbund ist Spielaggression die häufigste Art von aggressivem Verhalten, das Katzen gegenüber ihren Besitzern zeigen. Sie zeichnet sich dadurch aus, dass deine Katze deine Knöchel aus dem Hinterhalt angreift, wenn du um die Ecke gehst, oder deine Hände und Füße scheinbar aus dem Nichts beißt. Diese Art der Aggression ähnelt im Allgemeinen Jagd- oder Raubverhalten mit Anschleichen, Anspringen und Jagen. Das Verhalten neigt dazu, in der Dämmerung und bei Sonnenaufgang zu eskalieren, da Katzen dämmerungsaktive Tiere sind und in diesen Zeiten am aktivsten sind.

Spielaggression wird am häufigsten bei jungen Katzen beobachtet, kann aber in jedem Alter auftreten. Einzelne Kätzchen, die in einem Haus ohne andere Katzen aufgezogen werden, sind besonders anfällig dafür, und es wird manchmal als „Einzelkätzchen-Syndrom" oder „Tarzan-Syndrom" bezeichnet. Diese Katzen sind oft extrem überenthusiastische Spieler bis zu dem Punkt, an dem es lästig wird. Sie lernen nicht, wie man Körpersprache interpretiert, wie man körperlich spielt und wann

Foto Von
Julie Ricketts

man das Spiel beendet. Diese Art von Aggression kann sehr intensiv sein und zu Verletzungen bei Menschen führen. Im Folgenden findest du einige Lösungen für Spielaggression:

- **Adoptiere zwei Kätzchen.** Der mit Abstand einfachste Weg, Spielaggression und das Einzelkätzchen-Syndrom zu vermeiden – und das ganz ohne Wenn und Aber – ist, dein Kätzchen mit einem gleichaltrigen Spielkameraden aufwachsen zu lassen. Einzelne Kätzchen, die nicht die Möglichkeit haben, angemessenes Sozialverhalten von anderen Kätzchen zu lernen, werden zu erwachsenen Katzen mit Verhaltensproblemen. Wenn zwei Kätzchen zusammen spielen, können sie sich gegenseitig Beißhemmung beibringen, oder die Kunst, wie viele Zähne und Krallen für das Spiel angemessen sind. Wenn dein Kätzchen diese Möglichkeit nicht hat, dann bist du dafür verantwortlich, es ihm beizubringen (und du hast wahrscheinlich eine viel geringere Toleranz dafür, gebissen zu werden, als ein Kätzchen-Spielkamerad es hätte).

- **Benutze nicht deine Hände.** Ja, es ist super süß, den Bauch deines Kätzchens zu kraulen, während es deine Hände tritt und beißt. Jeder von uns kennt das. Trotzdem solltest du damit nicht fortfahren. Wenn dein Kätzchen zu einer 5-Kilo-Katze heranwächst, sind diese Bisse und Tritte nicht mehr süß. Wenn deine Katze darauf besteht, dass das Kauen an deinen Händen super lustig ist, halte ein Stofftier in der Nähe, zu dem du sie stattdessen umleiten kannst. Ihr könnt immer noch zusammen spielen und raufen, aber die Bisse gehen auf das Spielzeug, nicht auf deine Hand, oder das Spiel hört auf.

- **Beißen beendet das Spiel.** Wenn Beißen auftritt, ist das Spiel vorbei. Alles Spielen hört auf. Und ich meine buchstäblich – hör auf, dich zu bewegen. Beute macht Geräusche, und Beute bewegt sich und versucht zu entkommen. Deine sich zurückziehende Hand wirkt wie eine Maus, die sich befreien will, und ermutigt zu weiterem Beißen. Wenn du gebissen wirst, sei ein Baum! Das bedeutet, an Ort und Stelle einzufrieren. Es wird die ersten Male schwer sein, aber es wird sich am Ende auszahlen. Eine tote Maus ist nicht so lustig zum Spielen wie eine lebende Maus, so morbide das auch klingen mag, also lass deine Hand eine tote Maus sein.

Wenn die Mieze beharrlich ist, versuche, deine Hände hinter deinen Rücken zu legen und aufzustehen. Wenn sie in deinem Schoß sitzt, nimm sie nicht hoch und setze sie ab, sondern steh einfach langsam auf und lass sie zu Boden gleiten; sie in irgendeiner Weise zu berühren, kann verstärkend wirken und die Spielaggression fördern. Sobald sie wegschaut oder sich wegbewegt, dann kannst du eine geeignete Spielmöglichkeit wie ein Spielzeug an einer Schnur oder einen Laserpointer herausholen. Dies bringt ihr bei, dass Beißen kein Spiel hervorruft, aber ruhiges Verhalten belohnt wird.

- **Ermutige angemessenes Spielen.** Frustration und Langeweile sind die Wurzel der Spielaggression. Katzen brauchen eine Vielzahl von Bereicherung und Bewegung in ihrem Leben. Wenn du dir vornimmst, wirklich mit deiner Katze zu spielen – also aktiv mit ihr zu spielen, nicht nur ihr ein paar Spielzeuge auf den Boden zu werfen –, und das morgens und abends für je 15 Minuten, wirst du sehen, dass unerwünschte Verhaltensweisen zurückgehen. Futterpuzzles und Futtersuchspielzeuge sind gut geeignet für die Zeit zwischen den Spielzeiten. Denk bitte auch an Bereicherungsgegenstände wie Pappkartons, Tunnel, Katzenbäume und mehr. Wenn du Spielzeug und Bereicherung regeläßig abwechselst, sorgst du dafür, dass deiner Katze nie langweilig wird.

STREICHELAGGRESSION

Manchmal als Überstimulation bezeichnet, ist Streichelaggression genau das, wonach es klingt: deine Katze beißt oder kratzt dich während des Streichelns. Dies ist die am wenigsten verstandene Art von Aggression und möglicherweise die beunruhigendste für Katzenbesitzer. Du möchtest natürlich eine Bindung zu deiner Katze aufbauen und ihr Zuneigung zeigen, und sie erwidert es, indem sie deine Hand wegschlägt. Experten sind sich nicht sicher über den genauen Grund dafür; einige glauben, dass sich das Streicheln zunächst einfach gut anfühlt, dann plötzlich unangenehm wird, ähnlich wie du es vielleicht zunächst lustig findest, gekitzelt zu werden, aber schnell müde wirst, wenn die Empfindung unangenehm wird. Durch Beißen oder Wegschlagen versucht die Katze zu kontrollieren, wann das Streicheln endet. Diese Art von Aggression muss nicht unbedingt während des Streichelns auftreten, sondern kann bei jeder Art von Handhabung auftreten, einschließlich Bürsten, Nagelschneiden oder wenn du deine Katze hochhebst.

Obwohl dies die rätselhafteste Art von Aggression ist, ist sie eine der am leichtesten zu bewältigenden. Katzenbesitzer sollten lernen, die Körpersprache ihrer Katze zu lesen und die subtilen Anzeichen zu erkennen, dass eine Katze sich unwohl fühlt, damit sie einen Angriff vermeiden können, bevor er passiert. Deine Katze könnte anfangen, mit dem Schwanz zu zucken, ihre Ohren könnten nach hinten gehen, oder sie könnte in Richtung deiner Hand schauen. Du könntest spüren, wie sie sich anspannt, oder sehen, wie sich ihre Pupillen erweitern. Dies sind alles Anzeichen dafür, dass sie die Interaktion nicht genießt. Für Katzen, die das Streicheln nicht unbedingt genießen (und nicht alle werden es tun), kannst du auf andere Weise eine Bindung zu deiner Katze aufbauen, wie zum Beispiel Clickertraining oder interaktives Spiel.

Du kannst an Streichelaggression arbeiten, indem du deine Katze mit einem Leckerli belohnst, wenn sie ein paar Sekunden Streicheln zulässt. Berühre den Kopf deiner Katze für eine Sekunde und gib ihr dann ein Leckerli. Wiederhole dies, und baue allmählich auf drei Sekunden, fünf Sekunden und mehr auf. Sobald deine Katze lernt, das Gestreicheltwerden mit ihrem Lieblingssnack zu verbinden, kann sie die Interaktion mehr und mehr mögen. Achte genau darauf und lies die Signale, damit du das Streicheln beim allerersten Anzeichen, dass sie sich unwohl fühlt, beenden kannst.

NICHT-WIEDERERKENNUNGSAGGRESSION

Die vorherigen zwei Arten von Aggression richten sich gegen Menschen. Nicht-Wiedererkennungsaggression richtet sich jedoch gegen andere Katzen, speziell gegen Katzen, die die Katze bereits kennt und mit denen sie zusammenlebt. Es tritt sehr häufig auf, wenn du eine Katze zum Tierarzt bringst und die andere zu Hause lässt. Wenn du vom Tierarzt zurückkommst und Flauschig aus der Transportbox lässt, dann kann Fluffig, die zu Hause geblieben ist, Flauschig anfauchen, anschleichen oder sogar angreifen, auch wenn sie Flauschig seit Jahren kennt. Einfach gesagt ist das der Fall, wenn eine Katze die andere plötzlich nicht mehr wiederzuerkennen scheint.

Es ist nicht vollständig verstanden, warum Katzen sich so verhalten, aber es gibt viele Theorien. Eine Theorie, die für mich Sinn zu machen scheint, ist, dass die zurückkehrende Katze sich anders verhält oder riecht als in der Vergangenheit. Wenn sie unter Narkose war, kann sie wackeln oder mit einem anderen Gang gehen. Sie kann nach dem Tierarzt riechen, was die Katze, die zu Hause geblieben ist, als unangenehm oder beängstigend empfinden kann. Wenn du Katzen hast, die zu dieser Art von Aggression neigen, frage deinen Tierarzt, ob du ihre Termine am selben Tag planen kannst, damit sie zusammen reisen und zurückkommen können. Du könntest auch nach einem Tierarzt suchen, der Hausbesuche macht.

Wenn deine Katzen bereits kämpfen, solltest du sie so schnell wie möglich trennen. Gib beiden Katzen eine Chance, sich abzukühlen, und erlaube, dass die Narkose oder seltsame Gerüche verfliegen. Du kannst die Katze, die beim Tierarzt war, mit Katzenbade-Tüchern abwischen (ich empfehle keine vollständigen Bäder für Katzen) oder sie mit einer Decke abreiben, die nach ihr riecht. Behandle die Katzen, als hätten sie sich nie getroffen, und befolge meine Tipps für die Einführung zweier Katzen, wie in Kapitel 5 beschrieben. Du kannst möglicherweise eine beschleunigte Version dieses Einführungsprozesses durchführen, aber scheue dich nicht, es langsam anzugehen.

TERRITORIALE AGGRESSION

Territoriale Aggression ist eine weitere Form der Katze-zu-Katze-Aggression. Selten kann sie auch gegen Menschen gerichtet sein. Üblicherweise tritt sie auf, wenn es eine Änderung in der Haushaltsdynamik gibt: Eine neue Katze wird zur Gruppe hinzugefügt, oder eine stirbt. Wenn sie gegen Menschen gerichtet ist, wird sie typischerweise gezeigt, wenn Besucher ins Haus kommen, unabhängig davon, ob der Besitzer anwesend ist oder nicht. Zwischen Katzen können Anzeichen territorialer Aggression subtil oder offensichtlich sein. Zu den subtileren Anzeichen gehören Körperblockierung (vor einer Tür oder Treppe stehen, so dass die andere Katze nicht vorbeigehen kann) oder Anstarren. Offensichtliche Anzeichen sind Fauchen, Knurren, Jagen oder tatsächliche Angriffe.

Kämpfe können über Ressourcen, physischen Raum oder sozialen Status entstehen. Wie bereits erwähnt, sind Ressourcen alles, was die Katze als wichtig erachtet, einschließlich ihres Futternapfs, ihrer Katzentoilette oder ihres Lieblingsbetts, um nur einige zu nennen. Wenn es zu wenige Ressourcen für die Anzahl der Katzen im Haushalt gibt, kann eine Katze das Bedürfnis verspüren, das, was sie als ihr Eigentum betrachtet, vor den anderen Katzen zu verteidigen. Übrigens kann Konkurrenz um Ressourcen auch der Grund für einige stressbedingte Katzentoilettenprobleme sein, da eine Katze einen

Katzentoilettenbereich vor einer anderen Katze blockieren kann. In Fällen territorialer Aggression kann der Aggressor die andere Katze zwingen, ihren Lebensraum auf einen Bereich zu beschränken, den sie selten oder nie verlässt.

Wenn der Kampf um den sozialen Status geht, werden die Kämpfe wahrscheinlich nur gelegentlich stattfinden. Forschungen haben gezeigt, dass innerhalb eines Hauses Katzen den Raum nicht gleichmäßig teilen – das heißt, bestimmte Katzen beanspruchen ein Territorium innerhalb ihres Territoriums. Vielleicht hast du schon bemerkt, dass eine deiner Katzen einen bestimmten Platz auf der Couch bevorzugt, während die anderen Katzen im Haushalt sich nicht dort hinsetzen? Sie beansprucht diesen Bereich sehr wahrscheinlich als ihren eigenen und würde ihn verteidigen, wenn eine andere Katze versuchen würde, in diesen Raum einzudringen.

Die wichtigste Erkenntnis bei territorialer Aggression ist, sicherzustellen, dass es genug Ressourcen für deine Katzen in deinem Zuhause gibt, verteilt auf mehrere Standorte. Bei der Lösung territorialer Aggression kann das Hinzufügen von Ressourcen drastisch helfen, ebenso wie das Trennen und das langsame und schrittweise Wiedereinführen der Katzen. In schweren Fällen musst du möglicherweise die Hilfe eines Katzenverhaltenberaters in Anspruch nehmen, um bei der Implementierung von Gegenkonditionierung und Desensibilisierung in Bezug auf Beziehungen zu anderen Katzen oder menschlichen Besuchern im Haus zu helfen.

UMGELEITETE AGGRESSION

Umgeleitete Aggression tritt auf, wenn eine Katze ein hohes Erregungsniveau erreicht, sei es aus Angst oder Aufregung, aber den Auslöser nicht direkt erreichen kann. Stattdessen leitet sie ihre Aggression auf denjenigen um, der am nächsten ist, sei es eine Katze, ein Mensch oder ein Hund. In den meisten Fällen erfährst du nicht, was der Auslöser war. Es könnte sein, dass deine Katze am Fenster sitzt und eine streunende Katze draußen sieht. Während die beiden Katzen Blickkontakt herstellen, wird Flauschig immer frustrierter und immer erregter. Wenn deine andere Katze, Fluffig, vorbeigeht, greift Flauschig sie an. Dies könnte ein isolierter Vorfall sein, oder Flauschig könnte sich an die Begegnung erinnern, und jetzt, wann immer Fluffig vorbeigeht, greift Flauschig sie an.

Wenn deine Katze von Feuerwerk erschreckt wird und sich versteckt, ist dein erster Impuls wahrscheinlich, sie zu trösten. Die Katze könnte jedoch fälschlicherweise die Verbindung herstellen, dass du die Ursache des Feuerwerks bist, und auf dich losgehen. Auch das ist umgeleitete Aggression, weil die Aggression der Katze auf etwas gerichtet ist, das nicht die eigentliche Ursache ihrer Angst und Frustration ist. Umgeleitete Aggression kann gelöst werden, indem man zum Beispiel kämpfende Tiere trennt und sie wieder zusammenführt, wobei man währenddessen positive Assoziationen schafft. Wenn du weißt, was die anfängliche Reaktion verursacht hat, kannst du dich bemühen, zu verhindern, dass es wieder passiert, indem du zum Beispiel die Jalousien geschlossen hältst und artgerechte Abschreckungsmittel verwendest, um streunende Katzen von deinem Garten fernzuhalten.

Wenn die Aggression gegen einen Menschen gerichtet war und anhält, musst du möglicherweise die Hilfe eines Verhaltensberaters oder Tierverhaltenstherapeuten in Anspruch nehmen, da diese Art von Aggression schwerwiegend und schwer zu lösen sein kann. Wie bei jedem Verhaltensanliegen ist sofortige Intervention am besten. Je länger du deiner Katze erlaubst, das Verhalten zu üben, desto schwieriger wird es, dagegen anzugehen.

ANGSTAGGRESSION

Angstaggression wird manchmal als defensive Aggression bezeichnet. Sie tritt auf, wenn eine Katze Angst hat und nicht entkommen kann. Oft sehe ich Katzen mit angstbasierter Aggression in Tierheimen, wo sie in einem Käfig in einer lauten, beängstigenden Umgebung untergebracht sind. Wenn sich jemand Unbekanntes dem Käfig nähert und nach einer Katze greift, reagiert sie mit Aggression, weil sie glaubt, dass diese Person ihr Schaden zufügen könnte, und sie keine andere Option hat. Wenn „Flucht" nicht verfügbar ist, muss sie stattdessen „kämpfen".

In einer häuslichen Umgebung könntest du beobachten, dass deine Katze defensive Aggression zeigt, wenn du strafbasierte Techniken wie Nackengriff, Bespritzen mit Wasser oder Tippen auf die Nase anwendest. Ihre Ohren gehen zurück, ihr Schwanz geht eng an ihren Körper, und sie wird sich ducken, fauchen und starren. Bei einer Katze mit offensiver Aggression wirkt der ganze Körper nach vorn gerichtet – während sich bei anderen alles eher zurückzieht. Die Katze kann beginnen, dich mit dem angstauslösenden Ereignis zu assoziieren und in einer Weise zu reagieren, die sie als angemessen ansieht, wenn du dich näherst.

Angstbasierte Aggression, wenn sie häufig auftritt, sollte von deinem Tierarzt und wenn möglich einem Verhaltensberater behandelt werden. Wenn deine Katze ständig in Angst lebt, ist das wahrscheinlich keine gute Lebensqualität für sie. Man kann Angst bei Katzen verringern, indem man sie schrittweise desensibilisiert und ihnen die Wahl lässt, sich zurückzuziehen, wenn sie sich unwohl fühlen. Desensibilisierung ist ein sehr langsamer Prozess; wenn er überstürzt wird, kann er die Dinge tatsächlich verschlimmern, also versuche es nicht auf eigene Faust. Einige Fälle von Angstaggression – insbesondere wenn sie auf eine schlechte Sozialisierung im Kätzchenalter zurückgehen – lassen sich möglicherweise nie ganz beheben. In extremen Fällen besprich die Lebensqualität deiner Katze mit einem Fachmann und ergreife Maßnahmen, um den allgemeinen Stress zu reduzieren. Dies kann Veränderungen der Umgebung, Strategien zur Verhaltensmodifikation und die Verabreichung verhaltensregulierender Medikamente umfassen.

EXPERTENRAT

Was ist dein bester Rat bei Beißen und Aggression?

"Beißen und Aggressionen können verschiedene Ursachen haben. Wenn eine Katze anfängt zu beißen, sind normalerweise Schmerzen der Grund – entweder aufgrund von Verletzungen, Arthritis oder Krankheiten. Lass sie vom Tierarzt untersuchen. Die Katze könnte auch Misshandlung oder Mobbing durch andere Tiere ausgesetzt sein. Wenn du andere Haustiere hast, beobachte ihre Interaktionen, und das Gleiche gilt für andere Menschen im Haushalt – manche ärgern Tiere gern, was Katzen frustrieren kann."

LYNDA STREEPER
Humane Society of Northern Virginia

"Beißen und Aggressionen können Anzeichen für Langeweile beim Kätzchen sein. Achte darauf, dass du niemals deine Hände während der Spielzeit benutzt, damit das Kätzchen Hände, Füße oder Menschen nicht als Spielzeug betrachtet. Wenn du nur ein Kätzchen hast oder es nicht genügend Anregung von anderen Haustieren in deinem Zuhause bekommt, solltest du überlegen, einen weiteren Freund zu adoptieren. Wir sagen immer, zwei machen weniger Arbeit als eines, was erst einmal eigenartig klingt, aber tatsächlich stimmt. Zwei Kätzchen langweilen sich seltener und entwickeln weniger destruktives Verhalten, und sie haben eher einen Freund, mit dem sie ihre aggressive und verspielte Energie ausleben können. Kätzchen lernen auch etwas voneinander, das man Beißhemmung nennt. Das bedeutet, wenn sie miteinander spielen und eines zu fest zubeißt, wird das andere Kätzchen schreien und aufhören zu spielen. Das lehrt den Angreifer, dass er zu fest zugebissen hat, und er wird mit der Zeit wird lernen, sanfter zu sein."

AMANDA HODDER
Kitten Rescue Life

Angst und Besorgnis

Wenn deine Katze auch über die ersten ein oder zwei Wochen nach dem Nachhausebringen ihre gesamte Zeit damit verbringt, sich unter dem Bett zu verstecken, so ist das nicht normal! Ist sie sehr ängstlich oder besorgt, kann sie auch andere Verhaltensprobleme haben, wie Angstaggression oder stressbedingte Katzentoilettenprobleme, wie oben besprochen. Allgemeine Angst und Besorgnis können genetisch bedingt sein, aus einem Mangel an Sozialisation als Kätzchen stammen oder das Ergebnis eines traumatischen Ereignisses sein. Wenn deine Katze viel Zeit damit verbringt, sich zu verstekken oder wegzulaufen, gibt es mehrere Möglichkeiten, ihre Lebensqualität zu verbessern.

Das Wichtigste, woran du dich bei der Arbeit mit ängstlichen Katzen erinnern solltest, ist die Macht der Wahl. Wenn du darüber nachdenkst, hat deine Katze nicht viel zu sagen in ihrem Leben. Wenn sie nicht buchstäblich auf deiner Veranda aufgetaucht ist und sich selbst zur Haustür hereingebeten hat, hat sie wahrscheinlich nicht gewählt, mit dir zu leben. Oft werden ängstliche Katzen von wohlmeinenden Besitzern zur Interaktion gezwungen, die glauben, dass sie „sich einfach daran gewöhnen müssen". Dies ist nicht die beste Methode.

Stell dir vor, du wurdest entführt und an einen unbekannten Ort gebracht. Gerade als du anfingst, deine Umgebung zu erkunden, kam ein riesiges Monster und begann, dir auf den Kopf zu klopfen. Was würdest du tun? Du könntest vor Angst schreien, weglaufen, dich verstecken oder sogar versuchen, das Monster anzugreifen. Warum solltest du also erwarten, dass die Katze sich anders verhält? Ängstliche Katzen lässt man am besten in Ruhe, es sei denn, sie entscheiden sich dafür, von sich aus mit dir zu interagieren.

Aber wie bringst du deine ängstliche Katze dazu, mit dir interagieren zu wollen? Wenn man sie sich selbst überlässt, entscheidet sie sich womöglich dafür, dass das Versteck unter dem Bett auf absehbare Zeit der sicherste Ort ist. Wenn ein riesiges Monster dich entführt hätte, warum solltest du ihm jemals genug vertrauen, um dich dafür zu entscheiden, herauszukommen und mit ihm zu interagieren? Wir haben früher im Buch besprochen, wie man seine Katze an ihr neues Zuhause gewöhnt; wenn deine Katze jedoch besonders ängstlich ist, befolge diese Schritte:

- **Richte ein Basislager ein.** Zu viel Platz kann für Katzen sehr beängstigend sein und sie das Gefühl haben lassen, dass sie keine Kontrolle über ihre Umgebung haben. Wenn du deine Katze zunächst in einem kleinen Raum wie dem Badezimmer – oder in manchen Fällen sogar in einer großen Hundebox – unterbringst, kann ihr das ein viel größeres Sicherheitsgefühl geben. Von dort aus kannst du ihr Territorium langsam Schritt für Schritt erweitern, anstatt sie zu zwingen, alles auf einmal herauszufinden. Eine Katze einer beängstigenden Erfahrung auf einmal auszusetzen, wird als Überflutung bezeichnet und kann sehr traumatisch sein. Im Wesentlichen ist es dasselbe, wie eine Person, die Angst vor Schlangen hat, in eine Grube mit Schlangen zu werfen und zu erwarten, dass sie ihre Angst überwindet! Wir wollen stattdessen schrittweise Desensibilisierung verwenden. Es gibt keine Eile, und die Katze kann sich Zeit nehmen, sich an neue Dinge zu gewöhnen.

In deinem Basislager solltest du sicherstellen, dass deine Katze alle wesentlichen Dinge hat: Futter, Wasser, Spielzeug, eine Katzentoilette und besonders einen geeigneten Versteckplatz. Die Umgebung sollte ruhig und gelassen sein, weg von Kindern oder anderen Haustieren. Du kannst auch eine Geräuschmaschine verwenden und Feliway, ein beruhigendes Pheromonspray, sprühen, um zu helfen.

- **Geeigneter Rückzugsort.** Ja, deine Katze braucht einen Platz zum Verstecken. Studien haben gezeigt, dass allein der Zugang zu einem Pappkarton den allgemeinen Stress reduzieren und ihnen helfen kann, sich schneller an ihre Umgebung anzupassen! Eine Box, ein überdachtes Haustierbett oder eine Transportbox funktionieren alle gut. Unter deinem Bett wird jedoch nicht als geeignet angesehen. Deine Katze sollte sich in ihrem Versteck gemütlich und sicher fühlen, aber du solltest auch leicht Zugang zu deiner Katze in ihrem Basislager haben. Wenn du ein Schlafzimmer benutzt, stelle sicher, dass der Bereich unter dem Bett vom Zugang abgesperrt ist. Schließe auch alle Schränke und blockiere alle Bereiche, in denen sich deine Katze „verkriechen" könnte und du sie möglicherweise nicht erreichen kannst.

- **Einverständnis zum Anfassen.** Es ist höflich, deine Katze zu fragen, ob sie berührt werden möchte. Würdest du einfach zu einem Fremden gehen und seine Haare berühren? Hoffentlich nicht. Halte deine Hand ein paar Zentimeter von der Katze entfernt. Lehnt sie sich vor, um zu schnüffeln? Stößt sie mit dem Kopf oder reibt sie sich an deiner Hand? Stellt sie Blickkontakt mit dir her oder bewegt sie sich näher? Wenn nicht, dann berühre sie nicht! Es geht alles darum, ihr Kontrolle über ihr Leben zu geben und ihr zu erlauben, ihre eigenen Entscheidungen zu treffen. Das Geben von Wahlmöglichkeiten stärkt das Selbstvertrauen, und Geduld wird sich auszahlen.

- **Verwende Futter.** Wähle ein hochwertiges Leckerli wie Hühnchen, Thunfisch oder Babybrei. Dies ist ein besonderes Leckerli, das die Katze nur bekommt, wenn du im Raum bist. Heb das Trockenfutter für die Zeit

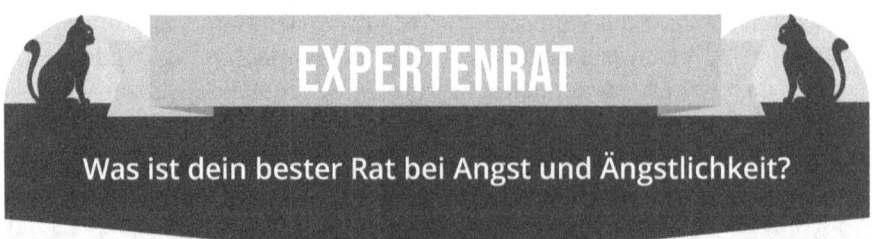

EXPERTENRAT

Was ist dein bester Rat bei Angst und Ängstlichkeit?

//Wenn eine Katze Angst hat, wird sie alles meiden, was mit dem zu tun hat, wovor sie Angst hat. Lass sie sich verstecken und beruhigen; es ist völlig in Ordnung, wenn die Katze keine Gäste im Haus mag. Es ist in Ordnung, dass sie sich im Schrank verstecken möchte. Lass sie. Zieh die Katze nicht heraus, um sie deinen Freunden zu zeigen; das wird die Katze nur darin bestärken, noch mehr Angst vor Fremden zu haben."

KATIE RIDLINGTON
AK Cat and Dog Rescue

//Bei ängstlichen Katzen kann es verschiedene Gründe für ihr Verhalten geben. Eine gründliche Einschätzung durch einen Tierarzt mit verhaltenstherapeutischer Erfahrung, ist ein guter erster Schritt. Ein Besitzer wird vielleicht nie die Ursache für die Angst seiner Katze herausfinden, aber es können Maßnahmen ergriffen werden, um ihre Angst zu lindern, Vertrauen aufzubauen und ihr zu einem ruhigeren Leben zu verhelfen. Der Wiederaufbau von Vertrauen bei einer ängstlichen Katze erfordert Zeit und Geduld. Eines der Hilfsmittel, mit denen wir großen Erfolg hatten, sind Pfauenfedern. Das ist ein Einwegspielzeug, das auf verschiedene Weise eingesetzt werden kann. Es bietet dem Besitzer eine Möglichkeit, mit der Katze zu interagieren, ohne ihren persönlichen Raum zu verletzen. Du kannst beide Seiten der Feder verwenden und die Katze langsam einbeziehen. Die Feder kann genutzt werden, um sie sanft zu berühren (ohne deine Hände auf sie zu legen), sie dazu zu bringen, auf dich zuzukommen, und dabei Augenkontakt zu vermeiden, aber trotzdem zu interagieren."

SHANNON BASNER
Mojo's Hope/Alaska's KAAATs

auf, wenn du nicht da bist! Wenn sie zunächst nicht vor dir frisst, ist das in Ordnung. Lass einfach die Leckerlis da und verlasse den Raum. Wenn sie nicht besonders durch Futter motiviert zu sein scheint, kann vielleicht das Spielen mit Spielzeug sie dazu bringen, aus ihrem Schneckenhaus herauszukommen.

- **Interaktives Spielen.** Spielen baut Selbstvertrauen auf. Deine Katze in interaktives Spiel einzubeziehen, wird ihr helfen, sich wie ein unbesiegbarer Jäger zu fühlen, was wiederum ihr Selbstvertrauen stärken wird. Spiele jeden Tag mit deiner Katze mit einem Laserpointer oder einem Spielzeug an einer Schnur, um sie zu ermutigen, zu jagen, zu pirschen und schließlich ihre Beute zu „töten". Selbst wenn sie dem Spielzeug nicht hinterherjagt und es nur beobachtet, wirst du vielleicht feststellen, dass sie mit der Zeit genug Selbstvertrauen gewinnt, um herauszukommen und zu interagieren.

Wenn deine Katze nach mehreren Wochen nach der Adoption weiterhin ängstlich und scheu ist, kannst du dich entscheiden, deinen Tierarzt oder einen Katzenverhaltenberater für weitere Ratschläge zu konsultieren. Wie bereits erwähnt, ist es einfach kein normales Verhalten, eine Katze zu haben, die sich die ganze Zeit versteckt. Dein Tierarzt wird die Behandlung vielleicht mit angstlösenden Medikamenten beginnen, und ein guter Verhaltensberater wird wissen, wie man weitere Verhaltensmodifikationen implementiert, um deiner Katze zu helfen, glücklicher und selbstbewusster zu werden.

Lästige Verhaltensweisen (Auf Arbeitsflächen springen, übermäßiges Miauen und mehr)

Wenn deine Katze dich die ganze Nacht wach hält, dich ständig um Aufmerksamkeit anbettelt, Dinge anstellt, die sie besser lassen sollte, oder einfach nur lästig ist, ist es äußerst wahrscheinlich, dass sie sich langweilt. Fast jede dieser lästigen Verhaltensweisen wie das Springen auf Arbeitsflächen, nächtliches Miauen oder das Herunterschlagen von Dingen vom Tisch kann einfach beendet werden, indem du mehr Umwelt- und kognitive Bereicherung für deine Katze hinzufügst.

WAS IST UMWELTANREICHERUNG?

Umweltanreicherung bedeutet, die Umgebung deiner Katze zu verändern, um es ihr besser zu ermöglichen, ihre natürlichen Verhaltensweisen ausleben zu können. Im Wesentlichen geht es darum, dein Zuhause zu „verkatzifizieren", um es unterhaltsamer und interessanter zu machen und deiner Katze zu helfen, ihre geistigen und körperlichen Bedürfnisse zu erfüllen.

Katzen brauchen bestimmte Bereiche zum Ausruhen und Schlafen, Fressen, Toilettengang, Spielen, Verstecken, Kratzen, Sitzen und mehr. Je mehr Ressourcen sie zur Verfügung haben, desto glücklicher werden sie sein. Die meisten Katzenbesitzer bekommen die separaten Bereiche zum Fressen, Schlafen und für den Toilettengang für ihre Katze problemlos hin, aber du solltest darüber hinausdenken. Sicherzustellen, dass deine Katze viele Kletter-, Ruhe- und Versteckmöglichkeiten in jedem Raum deines Zuhauses hat, wird sie glücklicher und erfüllter machen.

Katzenbäume, Pappkartons und Kratzbäume sind alle wichtig, aber du kannst leicht deine eigenen Möbel umstellen, um einen interessanten Weg für deine Katze zu schaffen. Katzen mögen es, um den Umfang eines Raumes gehen zu können, ohne den Boden berühren zu müssen (denk an „der Boden ist Lava"). Wo passiert die ganze Action in deinem Zuhause? Gib deiner Katze einen hohen Platz zum Sitzen mit guter Aussicht auf alles, sei es, wo sie die Kinder aus sicherer Höhe beim Spielen beobachten kann oder wo sie einen guten Blick aus dem Vorderfenster hat, um auf dein Auto zu warten, das in die Einfahrt fährt.

Kratzbereiche, kontrollierte Außenbereiche wie Katzengehege, Spielzeug, Katzengras oder Katzenminze – die Möglichkeiten für Umweltanreicherung sind endlos. Das Leben deiner Katze existiert wahrscheinlich nur zwischen den vier Wänden deines Zuhauses. Wenn du dein ganzes Leben lang in deinem Haus eingesperrt wärst, könntest du auch Verhaltensprobleme entwickeln. Das Hinzufügen von vielen coolen Dingen für deine Katze zum Beobachten, Klettern und Spielen ist entscheidend für ihr Wohlbefinden.

WAS IST KOGNITIVE ANREICHERUNG

Kognitive oder geistige Anreicherung ermutigt deine Katze, ihr Gehirn zu benutzen. Körperliche Bewegung und Aktivität sind wichtig, aber das Arbeiten des Gehirns deiner Katze ist genauso oder noch wichtiger, um sie glücklich und gesund zu halten. Eine gelangweilte Katze ist im schlimmsten Fall destruktiv und im besten Fall nervig.

- Eine großartige Möglichkeit, den Geist deiner Katze aktiv zu halten, ist, ihr einige ihrer Mahlzeiten in Futterpuzzles anzubieten. Es gibt viele Futter-Spender-Spielzeuge für Katzen auf dem Markt, und es ist sehr einfach, deine eigenen mit Papiertüten, Toilettenpapierrollen oder Plastikwasserflaschen herzustellen. Diese Spielzeuge erlauben deiner Katze, nach Futter zu suchen, was ein normales, instinktives Verhalten ist. Stelle sicher, dass du mit einem einfachen Puzzle beginnst und die

Foto Von
Megan Cullen

Herausforderung allmählich steigerst. Marken wie Catit bieten eine große Auswahl an Futterpuzzles, die auch in Deutschland erhältlich sind.

- Es versteht sich vielleicht von selbst, aber soziale Interaktion ist äußerst wichtig für Katzen! Entgegen der landläufigen Meinung sind Katzen keine Einzelgänger, und sie brauchen und genießen ihre Zeit mit Menschen und anderen Tieren. Wenn deine Katze sich an deinen Beinen reibt, miaut oder dich mit der Pfote berührt, berücksichtige ihre Bedürfnisse. Warst du den ganzen Tag bei der Arbeit, und ist dies ihre erste Chance, heute Zeit mit dir zu verbringen? Hast du die ganze Nacht geschlafen, während sie aus dem Zimmer ausgesperrt war?

- Du kannst die fünf Sinne deiner Katze ansprechen, indem du verschiedene Arten von Anreicherung anbietest. Versuche, Katzen-TV für sie zu spielen, damit sie die Vögel beobachten und sie zwitschern hören kann (es gibt viele Videos auf YouTube). Probiere Katzenminze, Silberwein oder andere katzenfreundliche Pflanzen aus. Einige Katzen genießen wirklich den Geruch von Oliven und werden sich auf ihnen wälzen. Sprich den Geschmackssinn deiner Katze an, indem du eine Vielzahl verschiedener Leckerbissen anbietest und sie ihren Favoriten wählen lässt. Schließlich kann berührungsbasierte Anreicherung in Form von Streicheln und Bürsten kommen.

- Clickertraining kann eine fantastische Form der geistigen Anreicherung sein. Bringe deiner Katze bei, zu sitzen, zu bleiben, sogar durch einen Reifen zu springen! Ja, Katzen können trainiert werden, und die meisten Katzen genießen es auch wirklich.

Für mehr Umwelt- und kognitive Anreicherung für deine Katzen zu sorgen, wird sie glücklicher und erfüllter machen, und sie werden kein Bedürfnis mehr verspüren, nach Aufmerksamkeit zu heischen. Zur Erinnerung: Diese Verhaltensweisen sollten niemals bestraft werden. Frage dich, warum deine Katze sich so verhält, und gehe das Problem an der Wurzel an.

EXPERTENRAT

Was ist dein bester Rat bei störenden Verhaltensweisen?

„Bei Verhaltensweisen, die wir nicht mögen, müssen wir uns entweder anpassen oder unsere Katzen trainieren! Du kannst einer Katze beibringen, nicht auf die Arbeitsplatte zu springen, indem du sie konsequent herunterholst und ihr sagst, dass sie dort nicht sein soll. Es gibt auch Tricks, um übermäßiges Miauen einzudämmen. Ich hatte eine Pflegekatze, die ganz allein war und die ganze Nacht an meiner Tür miaute, weil sie einsam war und bei uns sein wollte. Ich wollte sie nicht ins Zimmer lassen, weil ich nicht wollte, dass sie auf mir herumläuft, während ich versuchte zu schlafen. Sie teilte mir mit, dass sie einsam war, also habe ich ihr einen Freund besorgt. Sobald sie nicht mehr einsam war, hörte sie auf, die ganze Nacht zu miauen. Du musst deinen Katzen zuhören und herausfinden, was sie dir mitteilen wollen!"

KATIE RIDLINGTON
AK Cat and Dog Rescue

„Gegen das Klettern auf Arbeitsflächen (und auch gegen falsches Kratzen) hilft doppelseitiges Klebeband. Katzen HASSEN klebrige Oberflächen. Nachdem sie ein paar Mal darauf gelandet sind, kannst du es normalerweise entfernen, und sie erinnern sich daran."

KIM KAY
Angels Among Us Pet Rescue

„Störendes Verhalten abzustellen kann manchmal schwer sein. Bei übermäßigem Miauen sollte darauf geachtet werden, ob die Katze vielleicht versucht, auf eine Krankheit einen leeren Wassernapf aufmerksam zu machen. Das Klettern auf Arbeitsflächen lässt sich einfach dadurch lösen, dass man den Bereich für die Katze ungemütlich gestaltet. Klebestreifen, Luftpolsterfolie oder Alufolie signalisieren der Katze, dass dies kein Ort ist, an dem sie sein möchte."

CORI LYNN STANLEY
Averting CAT-astrophe

Transportboxtraining

Jeder Katzenbesitzer kennt das: Es ist Zeit, zum Tierarzt zu gehen. Du holst die Transportbox aus dem Schrank, die Katze wirft einen Blick darauf, und schon ist sie unter dem Bett. Wenn du es endlich schaffst, sie unter dem Bett hervorzuziehen und in die Transportbox zu stecken, bist du bereits zu spät zum Termin. Obwohl dies ein häufiges Szenario ist, ist es eines, das mit ein wenig zusätzlicher Vorarbeit vermieden werden kann. Schon bald wirst du eine Katze haben, die freiwillig in ihre Transportbox geht und vielleicht sogar auf Kommando! Du musst die folgenden Tipps weit im Voraus deines Tierarztbesuchs anwenden, aber die zusätzliche Vorbereitung wird sich lohnen.

1. Die mit Abstand beste Art von Transportbox ist eine harte Plastikbox mit einer Vordertür und einer oberen Tür. Du möchtest, dass sie geräumig und bequem ist, groß genug, dass deine Katze sich im Kreis drehen kann. Ich empfehle keine weichen Transportboxen, weil sie schwieriger zu reinigen und schwieriger zu benutzen sein können, um deine Katze hineinzubekommen. Obere Türen machen es viel einfacher, deine Katze in die Transportbox zu setzen, anstatt sie durch die Vordertür zu stopfen.

2. Lass deine Transportbox immer in Sichtweite stehen. Wenn deine Katze durch den Anblick der Transportbox aus der Fassung gebracht wird, mach sie langweilig. Wenn sie jeden Tag im Wohnzimmer daran vorbeigeht, wird sie allmählich die Angst vor ihr verlieren, weil sie nichts Unangenehmes mehr mit ihr assoziiert. Du kannst sie sogar von Zeit zu Zeit aufheben und herumbewegen, um deine Katze weiter zu desensibilisieren.

3. Mach die Transportbox attraktiv. Füge gemütliche Decken oder ein Bett im Inneren hinzu und besprühe sie mit Feliway. Lass leckere Leckerlis oder neue Spielzeuge drinnen für deine Katze zum Finden. Bald wird sie hingehen, um die Transportbox zu untersuchen, um zu sehen, welche lustige Überraschung du dieses Mal für sie hinterlassen hast! Du könntest sie sogar dabei erwischen, wie sie für ein Nickerchen hineingeht.

4. Nachdem deine Katze sich beim Anblick der Transportbox wohlfühlt und freiwillig hineingeht, um ein Leckerli zu bekommen, beginne, die Tür hinter ihr zu schließen. Lass sie zunächst nur für ein paar Sekunden eingeschlossen, dann verlängere allmählich die Zeit, die sie drinnen eingeschlossen bleibt. Denk daran: Wenn sie sich irgendwann unwohl fühlt, lernt sie nicht mehr, ihre Transportbox positiv zu verknüpfen.

5. An diesem Punkt kannst du beginnen, der Katze beizubringen, auf Kommando hineinzugehen. Wirf ein Leckerli in den hinteren Teil der Transportbox und sage „Box" oder „geh rein", was auch immer du bevorzugst. Du kannst auch pfeifen, wenn du möchtest. Wiederhole dies jedes Mal, und schon bald kannst du aus der Küche pfeifen, und die Katze wird aus dem Schlafzimmer angerannt kommen, um in ihre Transportbox zu gehen und ihr Leckerli zu bekommen!

6. Beginne, deine Katze für häufige, kurze Ausflüge in ihrer Transportbox mitzunehmen. Zuerst kannst du sie einfach im Haus herumtragen. Dann geh mit ihr nach draußen zum Briefkasten und zurück. Dann mach eine Autofahrt um den Block und zurück. Du möchtest, dass sie lernt, dass Fahrten in der Transportbox nicht immer mit einem unangenehmen Tierarztbesuch enden.

Wenn du deine Katze zum Tierarzt bringen musst, bevor du die Chance hast, dieses Trainingsmuster umzusetzen, versuche, die Transportbox mindestens 24 Stunden vor dem Tierarztbesuch in Sichtweite zu stellen. Wenn du ein Problem voraussiehst, wickle deine Katze sanft in eine Decke oder ein Handtuch und senke sie, Hinterbeine zuerst, in die Transportbox (wenn es keine obere Tür gibt, stelle die Transportbox mit der Vordertür nach oben). Dies ist die am wenigsten stressauslösende Methode für alle Beteiligten, wobei die Decke verhindert, dass Krallen absichtlich oder versehentlich zu dir gelangen.

Medikamente verabreichen

Unabwendbar wird es einen Punkt im Leben deiner Katze geben, an dem sie Medikamente benötigt. gal ob einmalig oder über Jahre hinweg – einer Katze Tabletten zu geben, ist nie vergnüglich. Niemand möchte mit seiner Katze ringen und ihr Medikamente in den Hals zwingen, besonders nicht jeden Tag für den Rest ihres Lebens. Hier sind einige Tipps, die ich nach der Medikation von ziemlich vielen Katzen in meinem Leben zusammengestellt habe.

• Frage nach transdermal oder flüssig. Einer unwilligen Katze Pillen zu geben ist schwierig, egal wer du bist. Wenn dein Tierarzt nur eine Pille für deine Katze hat, frage nach der Möglichkeit, das Medikament in einer lokalen Apotheke zubereiten zu lassen. Viele lokale Apotheken können jedes Medikament in flüssiger Form herstellen, und einige können sie sogar mit Thunfisch oder Hühnchen aromatisieren! Spritz ein bisschen von diesem als Thunfischsaft getarnten Medikament auf einen Bissen leckeres Nassfutter, und es wird ein Kinderspiel! Wenn du einen wählerischen Esser hast, frage nach transdermaler Verabreichung. Diese Art von Medikamenten sind in Cremes enthalten, die durch die Haut aufgenommen werden. Tupfe einfach ein bisschen davon auf die Innenseite des Ohrs deiner Katze, und sie ist versorgt.

- **Kratz, kratz, kratz.** Wenn transdermal und flüssig keine Optionen sind, investiere in einen Pillenzerstoßer (oder leere die Kapseln). Zermalme die Pille zu Staub und versuche, sie in etwas Thunfischsaft oder Hühnerbrühe zu streuen. Sauge es in eine Spritze und gib es deiner Katze auf diese Weise oder versuche, es in Futter zu verstecken.

- **Mach ein Sandwich.** Je aufgeregter und aufgebrachter du über die Zeit der Medikation wirst, desto schlechter wird deine Katze reagieren. Also beginne positiv und ende positiv, und packe das Schlechte genau in die Mitte. Es sieht so aus: Leckerli, Leckerli, Leckerli, Medikament, Leckerli, Leckerli, Leckerli. Wenn das Positive das Negative überwiegt, wird es deiner Katze nicht so viel ausmachen.

- **Mach dich vertraut.** Verwende deine Spritze oder Pillenpistole auch, um deiner Katze leckere Leckerlis zu geben. Wenn deine Katze lernt, dass die Spritze in neun von zehn Fällen Hühnchen-Babybrei vorhersagt, wird sie immer angerannt kommen, wenn sie sieht, dass du sie herausholst. Beginne damit, sie zu benutzen, um Kleckse des Babybreis auf den Boden zu geben, dann baue darauf auf, sie zu benutzen, um das Leckerli direkt in den Mund der Katze zu geben. Du kannst dasselbe mit harten Leckerlis oder Stücken von Hühnchen in der Pillenpistole tun.

- **Wenn nichts anderes hilft,** Bitte verwende nicht die Methode „am Nacken packen und hineinschieben", es sei denn, du hast keine anderen Möglichkeiten. Lass einen Freund die Mieze in ein Handtuch oder eine Decke wickeln, wobei die scharfen Teile der Katze sicher darin eingewickelt bleiben. Während dein Freund die Katze fest hält, öffne ihren Mund und gib das Medikament so weit hinten in den Mund wie möglich. Beende die Sitzung, indem du deine Katze ausgiebig mit ihren Lieblingsleckerlis belohnst. Je angenehmer du diese unangenehme Erfahrung gestalten kannst, desto fügsamer wird deine Katze in Zukunft sein!

EXPERTENRAT

Was ist dein bester Rat zur Medikamentengabe?

//Viel Glück beim Versuch, einer Katze eine Tablette in den Hals zu bekommen! Einfacher ist es, die Tablette zu zerdrücken und in einer sehr kleinen Menge Wasser aufzulösen. Diese Lösung kann dann leicht mit einer Spritze aufgezogen und der Katze so verabreicht werden."

LARRY KACMARCIK
Blue Moon Cat Sanctuary

//Probier mal Pill Pockets aus. Katzen mögen die für Hunde anscheinend lieber als die für Katzen. Du kannst Stücke abbrechen, weil sie ziemlich groß sind. Normalerweise schiebe ich die Tablette einfach mit dem Finger vorsichtig in den hinteren Rachenbereich, halte das Maul der Katze sanft geschlossen und puste ihr ins Gesicht (das löst den Schluckreflex aus). Du kannst auch versuchen, Medikamente im Futter zu verstecken, aber die meisten Katzen sind zu schlau dafür und fressen dann gar nichts davon. Dann hast du die Tablette verschwendet."

KIM KAY
Angels Among Us Pet Rescue

//Ihrem Tier Medikamente verabreichen zu müssen, ist für viele Besitzer von Katzen mit Stress verbunden. Der Prozess sollte positiv gestaltet werden, angstfrei und mit minimaler Belastung. In unserem Programm haben wir mehrere Katzen, die mehrmals täglich Medikamente bekommen. Eine unserer Katzen leidet an epileptischen Anfällen und benötigt dreimal täglich ihre Medikamente mit einer Spritze. Um ihr zu helfen, die Spritze mit etwas Positivem zu verbinden, verwenden wir Leckerbissen wie Temptations oder Churu-Snacks. Zuerst haben wir sie an die Spritze in Gesichtsnähe gewöhnt und ihr direkt danach einen Leckerbissen gegeben oder sie mit ihrem Lieblingsspielzeug spielen lassen. Jetzt hat sie eine Routine: Sie läuft zu einem der Katzenbäume, wartet auf ihre Spritze, ich verabreiche das Medikament, und danach bekommt sie ihre Belohnung."

SHANNON BASNER
Mojo's Hope/Alaska's KAAATs

KAPITEL 8

Spielzeit und Beschäftigung

Wir nähern uns dem Ende dieses Buches, und wenn du bisher mitgelesen hast, sollte dir inzwischen klar sein, dass Katzen nicht die pflegeleichten Haustiere sind, für die viele Menschen sie halten. Katzen bekommen nun endlich die Aufmerksamkeit, die sie verdienen, während früher die allgemeine Meinung vorherrschte, dass Katzen unsozial und faul seien. Heute wissen wir es besser. Deine Katze braucht Spiel und Beschäftigung, egal ob sie ein Kätzchen oder ein Seniortier ist. Spielen ist das Natürlichste, was eine Katze in einer unnatürlichen Umgebung tun kann. Wenn du nur 10-15 Minuten zweimal täglich mit deiner Katze spielst, wirst du Verhaltensprobleme reduzieren und das innere, angeborene Bedürfnis deiner Katze nach Jagd und Beutefang erfüllen.

Spieltherapie

Nein, ein paar Spielzeugmäuse auf den Wohnzimmerboden zu werfen ist kein Spielen mit deiner Katze! Spielzeuge, die einfach auf dem Boden liegen, sind für Katzen „tot" und langweilig, denn sie wollen lebendige, aktive Beute jagen. Spiel sollte interaktiv sein und die Jagd simulieren, wobei gleichzeitig Körper und Gehirn beansprucht werden – doppelte Stimulation also. Abgesehen davon, dass es eine der erfüllendsten Aktivitäten für deine Katze ist, ist es auch eine gute Möglichkeit, eine Bindung zu Katzen aufzubauen, die nicht unbedingt gerne gehalten oder gestreichelt werden.

Ich weiß, was du jetzt sagen wirst: „Ich habe versucht, mit meiner Katze zu spielen. Sie spielt nicht mit Spielzeug!" Falsch. Wenn deine Katze nicht mit Spielzeug spielt, ist es entweder Zeit für einen Tierarztbesuch oder es liegt am Menschen – du spielst einfach nicht richtig mit ihr. Manche Katzen sind „spezialisierte" Jäger, das heißt, sie bevorzugen eine bestimmte Beuteart gegenüber einer anderen. Vielleicht hast du schon bemerkt, dass viele

Katzenspielzeuge auf dem Markt eine bestimmte Beuteart simulieren. Entweder sind Federn (also ein Vogel) oder eine Stoffmaus am Ende der Schnur befestigt. Oder vielleicht ist es nur eine Schnur, die eine Schlange simuliert. Wie du das Spielzeug bewegst (in der Luft herum, mit kurzen Pausen, um wie ein Vogel zu landen, oder es schlängelnd bewegst, es hinter Ecken hervorlugen lässt wie eine Schlange) kann ebenfalls den bevorzugten Beuteinstinkt deiner Katze wecken.

TIPPS FÜR DAS SPIEL MIT DEINER KATZE:

- Laserpointer können ein tolles Spielzeug sein, wenn sie richtig eingesetzt werden. Allerdings können sie Frustration verursachen bei Kätzchen, die zwar zunächst den Nervenkitzel der Jagd lieben, aber schnell merken, dass der Laser eine Beute ist, die nie gefangen werden kann. Es ist ein Spiel, das sie nie wirklich gewinnen können. Du kannst dieser Frustration entgegenwirken, indem du einen Raum mit Spielzeugen und versteckten Leckerlis vorbereitest und deine Katze zum Spielen hineinbringst. Indem du den Laserpointer auf einem Spielzeug oder an einer Stelle anhältst, wo ein Leckerli versteckt ist, gibst du deiner Katze die Möglichkeit, auf

Foto Von
Jennifer Boaro

etwas Physisches zu springen und vielleicht sogar einen leckeren Snack zu ergattern. Wichtig: Laserpointer sind nicht für Haushalte mit Hunden geeignet, da nachgewiesen wurde, dass sie irreversible neurotische und zwanghafte Verhaltensweisen verursachen können.

- **Abwechslung ist wichtig.** Ein bisschen Abwechslung bringt Schwung in den Katzenalltag. Wenn deine Katze immer nur das gleiche alte Spielzeug hat, wird sie natürlich nach einer Weile kein Interesse mehr daran haben. Du musst nicht jede Woche verrückt im Zoohandel einkaufen gehen. Stattdessen kannst du die Spielzeuge einfach rotieren: Lass eine Woche lang ein paar draußen, räum sie dann weg und hol in der nächsten Woche neue hervor. So bleiben alle Spielzeuge deiner Katze neuartig und interessant und halten ihr Interesse langfristig aufrecht. Natürlich solltest du deiner Katze kein Lieblingsspielzeug wegnehmen, das sie über alles liebt.

- **Der Schwierigkeitsgrad sollte beim Spielen berücksichtigt werden.** Es sollte weder zu leicht noch zu schwer sein. Deine Katze sollte immer das Spiel gewinnen dürfen, aber es ist in Ordnung, wenn sie zuerst dafür arbeiten muss. Variiere die Geschwindigkeit der Bewegung, ziehe das Spielzeug unter oder über ein Hindernis, bewege es, bis es gerade hinter einer Ecke aus dem Blickfeld verschwindet, und achte darauf, dass sich das Spielzeug immer von deiner Katze wegbewegt. Echte Beute wird sich nie direkt unter die Nase deiner Katze setzen! Je mehr Techniken du ausprobierst, desto besser lernst du die Vorlieben deiner Katze kennen. Halte das Spiel etwas einfacher für junge Kätzchen, die noch lernen, und für Seniorkatzen, die sich vielleicht nicht mehr so bewegen können wie früher.

- **Sprich seine Sinne an.** Spielen ist in erster Linie visuell, aber scheue dich nicht, auch die anderen vier Sinne einzubeziehen. Füge dem Spielzeug kurz vor der Spielzeit Düfte wie frische Katzenminze oder Silberwein hinzu. Wähle ein Spielzeug, das zwitschert, knistert oder klingelt. Integriere Leckerlis in die Spielzeit, indem du deiner Katze ein paar zuwirfst, wenn sie „ihre Beute fängt". Das wird ihr bestätigen, dass sie eine erfolgreiche Jägerin ist! Probiere schließlich verschiedene Spielzeuge aus, die sich unterschiedlich anfühlen, ob sie nun aus Filz, Plastik, Pappe, Mylar oder etwas anderem bestehen.

- **Timing ist entscheidend.** Katzen sind dämmerungsaktiv, daher sind sie in der Morgen- und Abenddämmerung am aktivsten. Die Motivation deiner Katze zum Spielen wird in dieser Zeit am höchsten sein! Nutze das zu deinem Vorteil und ermüde dein Kätzchen direkt bevor du zur Arbeit gehst und noch einmal, wenn du bereit bist, den Tag zu beenden.

Futterpuzzles

Wenn du nicht mindestens ein paar Futterpuzzles für deine Katze hast, lege das Buch beiseite und mach dich auf den Weg, um das zu ändern. Zunächst: Was ist ein Futterpuzzle? Wenn du wie die meisten Katzenbesitzer bist, schüttest du wahrscheinlich etwas Trockenfutter in einen Napf für deine Katze und das war's. Das ist in Ordnung (und normal). Aber holst du wirklich das Beste aus der Fütterungszeit deiner Katze heraus? Wenn du bisher aufgepasst hast, hast du mich darüber sprechen hören, wie wichtig es ist, das Leben innerhalb der vier Wände für deine Katze interessant und aufregend zu gestalten. Geistige und körperliche Beschäftigung ist so wichtig, und Futterpuzzles ermöglichen es dir, deiner Katze mit sehr wenig Aufwand das Beste aus beiden Welten zu bieten!

Ein Futterpuzzle kann alles sein, von einer gefalteten Klopapierrolle mit Löchern bis hin zu einem komplexen, im Laden gekauften Futterautomaten mit mehreren Hebeln, Knöpfen und Drehreglern. Einfach ausgedrückt, ist es eine Art Spielzeug, das deiner Katze erlaubt, nach ihrem Futter zu suchen und dafür zu arbeiten, anstatt es in einer Schüssel serviert zu bekommen. Wenn deine Katze draußen auf sich allein gestellt überleben müsste, würde sie den Großteil ihres Tages mit der Jagd verbringen. Drinnen macht deine Katze einen kurzen Spaziergang in die Küche, und die Mahlzeit ist in etwa fünf Minuten vorbei. Du kannst nicht den Großteil deines Tages damit verbringen, mit deiner Katze zu spielen, um diese natürlichen Jagdverhaltensweisen zu fördern und sie beschäftigt und erfüllt zu halten, also lass das Futterpuzzle die Arbeit für dich erledigen. Neben der Förderung des natürlichen Verhaltens deiner Katze können Futterpuzzles auch als Hilfsmittel zur Gewichtsabnahme dienen, da sie körperliche Aktivität fördern

FUNFACT
Katzengehege

Wohnungskatzen leben durchschnittlich 10 bis 15 Jahre, während ihre Artgenossen im Freien durchschnittlich nur zwei bis fünf Jahre alt werden. Die sicherste Option, um deiner Wohnungskatze das Erlebnis der freien Natur zu ermöglichen, ist der Bau eines Katzengeheges. Katzengehege sind umschlossene Außenbereiche, die in der Regel aus einem Holz- oder Metallrahmen bestehen und mit Drahtgeflecht umschlossen sind. Diese sicheren Freilufthabitate reichen von tragbaren Pop-up-Varianten bis hin zu mehrstöckigen Luxusausführungen, die über eine Katzenklappe zugänglich sind. Unterhaltung, frische Luft und geistige Anregung sind alles Vorteile eines Katzengeheges. Es gibt zahlreiche Anleitungen, um dein eigenes Traumkatzengehege zu bauen.

und das Esstempo verlangsamen.

Aktuelle Forschungen zeigen, dass Katzen immer noch lieber aus einem Napf fressen, wenn sie die Wahl zwischen einem Napf und einem Futterpuzzle haben. Daher ist es wichtig, die Balance zu finden zwischen der Anreicherung der Umgebung deiner Katze und einer zusätzlichen Frustrationsquelle. Fange langsam an und mache es zunächst einfach. Füttere nicht ausschließlich das gesamte Futter deiner Katze über Puzzles. Etwa die Hälfte der täglichen Nahrungsaufnahme deiner Katze plus Leckerlis ist angemessen. Denke daran, dass Katzen natürlicherweise, mehrere kleine Mahlzeiten pro Tag zu sich nehmen, wenn sie die Wahl haben, und die traditionelle Einrichtung mit zwei Mahlzeiten pro Tag kann für manche frustrierend sein. Futterpuzzles geben dir die Möglichkeit, die Mahlzeiten so aufzuteilen, dass deine Katze mehrmals am Tag fressen kann, da sie weniger wahrscheinlich die ganze Mahlzeit auf einmal verzehrt, wie sie es aus einem Napf tun würde.

EINFACHE SELBSTGEMACHTE INTELLIGENZSPIELE:

- Nimm eine leere Klopapierrolle und falte die Enden ein. Verwende eine Schere, um mehrere Löcher in die Rolle zu stechen. Je mehr Löcher und je größer sie sind, desto einfacher wird das Spiel sein. Fülle die Rolle mit Trockenfutter. Deine Katze muss entweder die Rolle herumschubsen oder sie aufreißen, um an das Futter im Inneren zu gelangen.

- Fülle eine Eiswürfelform mit Trocken- oder Nassfutter.

- Steche mit einer Schere Löcher in eine Plastikwasserflasche und fülle die Flasche mit Trockenfutter oder Leckerlis.

- Lege Trockenfutter in eine Muffinform und bedecke sie dann mit Tennisbällen.

- Lege Trockenfutter in eine braune Papiertüte und knülle sie zusammen.

- Lege Trockenfutter in einen leeren Schuhkarton und fülle ihn dann mit Tischtennisbällen.

PRAKTISCHE LÖSUNGEN ZUM KAUFEN

- Die LickiMat ist großartig für Nassfutter und es dauert ziemlich lange, bis deine Katze alles aufgefressen hat, ohne dass es zu schwierig ist.

- Schnüffelmatten simulieren das Durchwühlen von Gras auf der Suche nach Futter und sind ideal für Anfängerkatzen.

- Der Digger von Catit ist genau das, was der Name verspricht. Probiere ihn aus, wenn du eine Katze hast, die gerne Streu aus ihrer Toilette kickt!

Foto Von
Lisa Flanery

- Der interaktive Katzenfutternapf Catch kann für Nass- oder Trockenfutter verwendet werden und lässt sich nach dem Gebrauch einfach in die Spülmaschine stellen.

- Das Catit Senses Food Maze ist am schwierigeren Ende der einfachen Puzzles angesiedelt. Es ist ein hoher Turm, und deine Katze muss Trockenfutter oder Leckerlis von jeder Ebene nach unten schubsen, bis sie am Boden ankommen.

- Der Trixie Cat Activity Tunnel Feeder ist mein absolutes Lieblings-Futterpuzzle für Katzen. Er ist etwas teurer, bietet aber fünf zu lösende Puzzles auf einem Brett. Meine Katzen arbeiten stundenlang daran! Einige Teile sind nur für Trockenfutter geeignet, aber der „Eiswürfelschalen"-Teil kann auch Nassfutter aufnehmen.

Es gibt unendlich viele Möglichkeiten, die Mahlzeiten für deine Katzen mit ein wenig Kreativität spannender und aufregender zu gestalten. Nachdem du die einfachen Optionen mit deinen Katzen ausgeschöpft hast, erhöhe den Einsatz und überlege, wie du es jedes Mal etwas herausfordernder gestalten kannst. Genau wie du die Spielzeuge deiner Katze rotierst, wechsle auch die angebotenen Puzzles, damit deine Katze ihr Gehirn immer trainiert. In Kombination mit zwei interaktiven Spieleinheiten pro Tag kann das Hinzufügen von Futterpuzzles zur Routine deiner Katze Verhaltensprobleme wie nächtliche Partystunden, Spielaggression, übermäßiges Miauen oder Fordern, Aufmerksamkeit suchendes Verhalten und mehr unter Kontrolle bringen.

Beschäftigung im Freien

Wenn du dich erinnerst, hatten wir in Kapitel 1 eine lebhafte Debatte darüber, ob Katzen Zugang zum Freien haben sollten oder nicht. Wir kamen zu dem Schluss, dass Katzen am sichersten sind, wenn sie drinnen gehalten werden, wobei kontrollierter Zugang nach draußen eine wertvolle Ergänzung darstellt. Ich habe damals ein paar einfache Tipps zur Anreicherung des Lebens deiner Wohnungskatze gegeben, aber jetzt werde ich das ausführlicher erläutern.

Geschirrtraining und das Laufen an der Leine stehen bei vielen Katzenhaltern ganz oben auf der Liste der Dinge, die sie mit ihrer Katze ausprobieren möchten. Ein Spaziergang an der Leine gibt deiner Katze die Möglichkeit, nach Herzenslust zu erkunden – ohne dass sie Gefahr läuft, auf die Straße zu rennen und von einem Auto angefahren zu werden oder sich zu erschrecken und sich an einem unbekannten Ort zu verstecken. Für die meisten Katzenhalter spielt sich ein Versuch dessen jedoch wie folgt ab: Du zwängst das Kätzchen gegen seinen Willen in ein Geschirr, und es fällt sofort um, bekommt einen Wutanfall und weigert sich, sich zu bewegen. Du hebst es hoch und nimmst es mit nach draußen, wo es sofort unbeholfen im Krebsgang so schnell wie möglich zurück zur Tür läuft, wahrscheinlich verzweifelt miauend. Du sagst: „Nun, es hasst das Geschirr und das Draußensein", und du legst das Geschirr und die Leine auf Nimmerwiedersehen in

Foto Von
Katrina Ooms

eine Schublade. Du musst lachen, weil du genau diese Erfahrung mit deiner Katze gemacht hast, stimmt's?

Von Katzen kann nicht erwartet werden, dass sie beim ersten Mal lernen, ein Geschirr zu tolerieren. Ebenso wird eine Katze, die ihr ganzes Leben drinnen verbracht hat, natürlich ausflippen, wenn sie nach draußen kommt! Sie wird von Anblicken, Geräuschen und Gerüchen überflutet, denen sie noch nie ausgesetzt war. Sie hat noch nie Gras unter ihren Pfoten gespürt. Es ist, als wäre man blind und könnte plötzlich sehen. Es braucht eine allmähliche, langsame Desensibilisierung, um eine Katze sowohl an das Tragen eines Geschirrs als auch an den Aufenthalt im Freien zu gewöhnen. Es kann Tage, Wochen oder Monate dauern, bevor ihr einen Spaziergang durch die Nachbarschaft macht. Natürlich ist es immer einfacher, diesen Prozess zu beginnen, wenn deine Katze noch ein Kätzchen ist. Bevor du planst, deine Katze für längere Zeit nach draußen zu nehmen, stelle sicher, dass sie mit Impfungen und Floh- und Zeckenschutz auf dem neuesten Stand ist.

GESCHIRRTRAINING SCHRITT FÜR SCHRITT:

1. Das Laufen an der Leine erfordert zunächst, dass die Katze sich an das Tragen eines Geschirrs gewöhnt. Ich empfehle ein Geschirr in H-Form, da es leicht ist und es schwierig ist, es abzustreifen.

2. Beginne damit, das Geschirr (ohne Leine) auf den Rücken der Katze zu legen. Behalte das Geschirr für eine Sekunde dort, dann entferne es. Gib deiner Katze ein Leckerli.

3. Baue die Zeit, in der die Katze das Gewicht des Geschirrs auf ihrem Rücken spürt, weiter aus.

4. Wenn das zu langweilig wird, kannst du damit beginnen, das Geschirr richtig anzulegen – also den Halsriemen sanft um den Nacken der Katze schließen. Erlaube der Katze, das für ein paar Sekunden zu tragen, gib ihr viele Leckerlis und entferne es dann.

5. Steigere das Ganze nach und nach, bis die Katze sich wohlfühlt, wenn das gesamte Geschirr angelegt ist. Dieser Prozess wird mehrere Tage oder Wochen dauern, während die Katze sich an das seltsame Gefühl des Geschirrs an ihrem Körper gewöhnt. Denke daran, deine Katze überschwänglich zu belohnen, wenn sie das Geschirr toleriert.

6. Wenn die Katze sich völlig wohl fühlt, das Geschirr zu tragen, und sich normal bewegen und laufen kann, während sie es trägt, kannst du die Leine hinzufügen. Klinke zunächst die Leine in das Geschirr ein und erlaube der Katze, sich an das Gefühl zu gewöhnen, dass die Leine hinter ihr herzieht.

7. Katzen werden nicht genau wie ein Hund an der Leine laufen, aber du kannst die Katze zuerst drinnen an sanften Leinendruck gewöhnen. Halte die Einheiten kurz und übe das Laufen an der Leine etwa 5-10 Minuten lang.

8. Wenn du planst, mit deiner Katze draußen spazieren zu gehen, denke daran, die Einheiten kurz zu halten und im Tempo deiner Katze zu bleiben. Sei vorsichtig, sie nicht zu überfordern, wenn sie nervös ist. Erlaube deiner Katze, selbst zu entscheiden, ob sie hinausgehen möchte, und ermögliche eine langsame Desensibilisierung gegenüber beängstigenden Dingen, denen sie begegnen könnte, wie große Lastwagen, Sirenen oder Hunde. Es kann hilfreich sein, eine Aufnahme von Außen- oder Stadtgeräuschen drinnen abzuspielen, damit die Katze sich an die Geräusche gewöhnt, bevor sie nach draußen geht.

Wenn das Geschirr-Training nichts für dich und deine Katze ist, vielleicht ist dann Rucksacktragen oder ein Spaziergang im Haustierkinderwagen das Richtige! Katzen können lernen, so etwas wirklich zu genießen. Um deiner Katze Zeit zu geben, sich an den Aufenthalt im Rucksack oder Kinderwagen zu gewöhnen, sollte dieselbe Sorgfalt angewendet werden wie gerade für die Gewöhnung an das Geschirr beschrieben wurde. Lass sie über mehrere Tage mit vielen Leckerlis und Lob Bekanntschaft mit dem Rucksack oder Kinderwagen machen und gewöhne sie allmählich daran, darin eingeschlossen zu sein. Je positiver du die Erfahrung gestaltest, desto wahrscheinlicher ist es, dass sie sich wohlfühlt, wenn ihr nach draußen geht. Beginne langsam mit nur fünf Minuten im Garten und achte genau auf Anzeichen von Stress bei deiner Katze, wie erweiterte Pupillen, Miauen oder Hecheln. Es ist wichtig zu bedenken, dass sie ihre Angst nicht einfach „überwinden" wird, wenn du weitermachst. Bei den ersten Anzeichen von Stress geh zurück ins Haus, lass sie hinaus und versuche es am nächsten Tag erneut, wobei du bei Bedarf einen Schritt zurückgehst.

Pop-up-Zelte und Laufställe können auch gute Dienste leisten, um Katzen sicher draußen zu halten. Gewöhne dich daran, dein Kätzchen in seinem Laufstall mit nach draußen zu nehmen, während du im Garten arbeitest. Es kann die Vögel beobachten, die frische Luft spüren und alle Düfte von einem gemütlichen Bett in seinem Gehege aus riechen, während es Zeit mit dir verbringt. Noch besser: Wenn du den Platz und die finanziellen Mittel hast, baue deiner Katze ihren eigenen „Catio". Catios sind ein Wortspiel mit Patios und sind Außengehege, die dafür konzipiert sind, dass deine Katzen nach draußen gehen können, aber eingeschlossen bleiben. Du könntest auch einen Katzenzaun in Erwägung ziehen, wie zum Beispiel den Purrfect Fence, der speziell dafür entwickelt wurde, Katzen in deinem Garten zu halten und ein Entkommen zu verhindern, während es für andere Tiere extrem schwierig ist, hineinzukommen.

Wenn alles andere fehlschlägt, kannst du immer noch das Draußen zu deiner Katze nach drinnen bringen. Ist dir schon einmal aufgefallen, dass sofort, wenn du ein Fenster in deinem Haus öffnest, alle deine Katzen dorthin strömen? Aus einem offenen Fenster zu schauen, die Luft zu spüren und die Brise zu riechen, kann für Wohnungskatzen ein Erlebnis sein. Ein Pluspunkt ist es, wenn du das Fenster auch nur für ein paar Minuten im Winter oder Sommer öffnest, da deine Katze wahrscheinlich an angenehme 22 Grad in deinem Haus gewöhnt ist und selten die Chance hat, Hitze oder Kälte zu spüren. Pflanze Katzengras, Katzenminze oder Grünlilien und halte sie drinnen, damit deine Katze daran kauen kann (lass sie aber nicht zu viel davon fressen). Füge ein kleines Wasserspiel oder einen Brunnen mit ständig fließendem Wasser hinzu, aus dem sie trinken kann. Hat es letzte Nacht geschneit? Nimm eine Spülschüssel und fülle sie mit ein paar Zentimetern Schnee am Boden, dann streue Leckerlis darauf, damit deine Katze erkunden kann. Hänge ein Vogelhäuschen in die Nähe deines Fensters, damit deine Katze den Vögeln zuschauen kann. Sei kreativ, und deine Katze wird es dir danken.

Foto Von
Donna Brown

Vertikaler Raum

Die letzte erwähnenswerte Art der Anreicherung ist, deiner Katze ausreichend vertikalen Raum zum Klettern und Erkunden zu bieten. Katzen sind einzigartig darin, dass sie sowohl Raubtiere als auch Beutetiere sind. Wir haben viel darüber gesprochen, das Bedürfnis des Raubtiers nach Nahrungssuche und Jagd durch Futterpuzzles und Spieltherapie zu befriedigen, aber auf der anderen Seite des Spektrums braucht das Beutetier in der Katze vertikalen Raum. Warum? Von oben können Katzen ihre Umgebung überblicken und ein viel besseres Gesamtbild bekommen, als wenn sie sich am Boden befinden. Über viele Möglichkeiten zu verfügen, nach oben zu kommen, kann für das Selbstvertrauen deiner Katze viel bewirken und ihr helfen, sich sicher und geborgen zu fühlen.

Vertikaler Raum erhöht auch die Quadratmeterzahl, zu der dein Kätzchen Zugang hat, und gibt ihm mehr Ruheplätze, Orte, um sich von Kindern oder anderen Haustieren zurückzuziehen, und erweitert sein Territorium. Die Ermutigung deiner Katzen zum Klettern bietet ihnen auch einfache Bewegung. Und als zusätzlicher Bonus: Je mehr geeignete Plätze du deiner Katze bietest, um nach oben zu kommen, desto weniger Zeit wird sie auf deinem Küchentisch und deinen Arbeitsplatten verbringen. Hier sind Möglichkeiten, vertikalen Raum in deinem Zuhause zu schaffen:

- **Kratzbaum:** Dies ist die offensichtlichste Möglichkeit, vertikalen Raum zu schaffen. Ich weiß, dass sie keine Augenweide sind. Sie passen nicht zu deiner Einrichtung. Aber heutzutage gibt es SO viele auf dem Markt, vom einfachsten bis zum aufwendigsten, in jedem Farbschema, jeder Höhe und jedem Design, das du dir vorstellen kannst. Und denke an all die Vorteile, die sie für deine Katzen bieten. Kratzbäume sollten in stärker frequentierten Bereichen des Hauses aufgestellt werden, wo du und deine Katze viel Zeit verbringen. Versetze dich in die Lage deiner Katze, wenn du über die richtige Platzierung entscheidest. Bietet der höchste Punkt deiner Katze einen guten Aussichtspunkt? Kann deine Katze die Haustür sehen, um auf deine Heimkehr zu warten? Dich beim Kochen in der Küche beobachten? Das Wohnzimmer überblicken, während du auf der Couch sitzt und fernsiehst?

- **Regale:** Ob selbstgebaut oder als schickes Katzenmöbel, Regale sind ideal, weil sie nicht viel Platz einnehmen und nicht teuer sein müssen. Schaffe eine Katzen-Autobahn rund um einen Raum und genieße die kostenlose Unterhaltung, wenn du deine Katze beim Akrobaten spielen beobachtest, wie sie von Regal zu Regal springt.

- **Fensterbänke:** Ich habe ein Erkerfenster an der Vorderseite meines Hauses. Ich muss zugeben: Dieses Fenster war ein großer Pluspunkt für meinen Entschluss, hier einzuziehen. Seitdem habe ich es mit weichen Decken und gemütlichen Betten und Spielzeugen, die mit Saugnäpfen am Fenster befestigt sind, ausgestattet. Im Winter stecke ich das Heizkissen unter die Decken. Es ist schnell zum beliebtesten, am häufigsten genutzten Ruheplatz für meine Katzen geworden. Sie können nicht nur mit mir im Wohnzimmer abhängen, sondern sind auch weit über dem Boden erhöht und haben den perfekten Blick auf meinen Vorgarten, komplett mit einem Vogelhäuschen, das vom Baum hängt. Wenn du nicht das Glück hast, ein Erkerfenster für deine Katzen zu haben, kannst du Ruheplätze kaufen, die an Saugnäpfen hängen oder an der Wand befestigt werden, um deiner Katze einen bequemen Liegeplatz zu bieten, um hoch oben zu ruhen und aus dem Fenster zu schauen, um zu sehen, wie du nach Hause kommst.

Beachte, dass Verstecke, obwohl sie nicht unbedingt eine Form der Anreicherung sind, auch wichtig sind, um die Bedürfnisse des Beutetiers in deiner Katze zu befriedigen. Viele Kartons, Verstecke und Orte, an denen sie sich ducken, hineinschlüpfen und darunter kriechen kann, sind wichtig, damit sie sich sicher und geborgen fühlt.

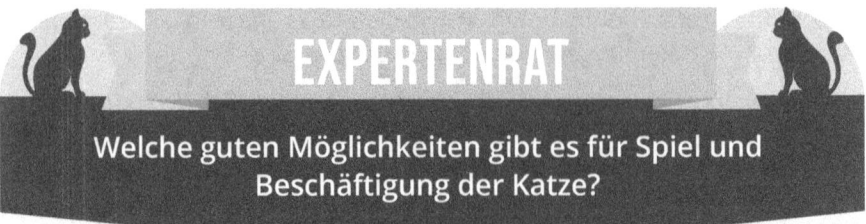

EXPERTENRAT

Welche guten Möglichkeiten gibt es für Spiel und Beschäftigung der Katze?

Spiele mehrmals täglich für 10-15 Minuten mit deiner Katze. Das regt ihren Verstand an und macht sie glücklicher. Katzen sind geborene Jäger, also finde den „Jagdstil" deiner Katze heraus und gehe darauf ein. Ist deine Katze ein Vogelfänger (springt gerne nach Spielzeug) oder ein Mäusejäger (jagt lieber Spielzeug, das über den Boden gezogen wird)? Finde den Stil und spiele entsprechend mit ihr!

MARGARET SLABY
Golden Oldies Cat Rescue

Viele Katzen lieben Katzentunnel! Hole gelegentlich einen hervor und wirf Spielzeug hindurch, damit die Katze hinterherjagen kann. Verwende auch braunes Packpapier! Wir bewahren eine große Kiste davon im Wohnzimmer auf und nehmen ab und zu etwas heraus, damit die Katzen in einem Papierhaufen spielen können.

LIZ OSTEN
Cat Rescue of Marlborough and Hudson (CaRMaH)

Nimm dir jeden Tag Zeit, um mit deiner Katze zu spielen. Wenn du einen Laserpointer verwendest, denke daran, dass Katzen nicht nur die Jagd mögen, sondern auch den Fang. Wenn du deine Katze nur einem Laserpointer hinterherjagen lässt, ohne Belohnung, wird das zu einer ängstlichen und verärgerten Katze führen. Platziere Kuscheltiere oder Spielzeuge im Raum. Lass die Katze dem Laser hinterherjagen und dann auf einem Spielzeug landen, das sie „töten" kann. Fahre mit der Jagd und dem Töten fort, und die Katze wird eine angenehme Spielzeit gehabt haben.

MARILEE WELLS
Maricats Rescue

"*Spaßige Dinge, um deine Katze zu beschäftigen, sind Fliegerspielzeuge, Katzenlaufräder und Rätselspiele. Du kannst Vogelfutterhäuschen aufstellen, damit sie Vögel beobachten kann. Auch Tischtennisbälle in der Badewanne können stundenlang Spaß bereiten.*

KATIE JOHNSON
Actually Rescuing Cats

"*Angelruten-ähnliche Spielzeuge sind interaktiv (ja, Katzen wissen, dass der Besitzer am anderen Ende ist). Jagd nach einem Laserpointer (der bleibt nicht in den Krallen hängen), Kratzbäume, leere Pappkartons (ein Muss für jeden Katzenbesitzer!), flauschige Mäuse, Glöckchenbälle, zusammengeknüllte Papierkugeln, leere Klopapierrollen – alles, was herumgeschlagen und unter den Kühlschrank gekickt werden kann!*

SANDY, MITBEGRÜNDERIN
(CLAWS) Cats Lives Are Worth Saving

"*Denk daran, das Spielen mit Spielzeug zu fördern und nicht mit deinen Händen. Wenn du deine Hände zum Spielen mit jüngeren Katzen und Kätzchen benutzt, ermutigst du sie, grob mit dir zu spielen. Verwende Spielangeln, Schnüre, zusammengeknüllte Papierstücke usw. Katzen sind nicht wählerisch, wenn es darum geht, Spaß zu haben! Die meisten denken, sie hätten den Jackpot geknackt, wenn sie leere Schuhkartons und Papiertüten finden.*

ELIZABETH FUDGE
Companion Animal Alliance

"*Wir lieben die interaktiven Rätsel und Aktivitätszentren, die gleichzeitig als Jagderlebnis für deine Katze dienen. Katzen sind Jäger, und obwohl sie jetzt domestiziert sind, genießen sie immer noch den Nervenkitzel der Jagd, selbst wenn es nur um ein paar Trockenfutterstückchen geht! Diese interaktiven Rätsel für Katzenfutter oder Leckerlis ermöglichen es deinen Haustieren, für eine Belohnung zu arbeiten und gleichzeitig ihren natürlichen Instinkt zu trainieren.*

AMANDA HODDER
Kitten Rescue Life

KAPITEL 9

Katzen im Alter begleiten

Obwohl dieses Buch davon handelt, wie du dich auf die Adoption einer neuen Katze vorbereitest, wäre es nicht vollständig ohne ein Kapitel über die Pflege deiner älteren Katze und darüber, wann es Zeit ist, Abschied zu nehmen. Egal, ob du dieses Buch 20 Jahre nach der Adoption deines Kätzchens oder sechs Monate nach der Adoption einer 15-jährigen Katze aus dem Tierheim wieder hervorholst – der Tod wird immer Teil dieses Lebenskreislaufs sein. Katzen leben heutzutage immer länger, dank besserer Ernährung und

Foto Von
Michele Fellows

155

tierärztlicher Versorgung. Meine älteste Katze wurde 27 Jahre alt (was natürlich nicht die Norm ist). Im Allgemeinen gelten Katzen ab etwa 11 Jahren als Senioren und werden mit 15 Jahren zu „Super-Senioren".

Ich bin eine riesige Befürworterin der Adoption von Seniorkatzen. Es gibt viele Ausreden, dies nicht zu tun, und deshalb bleiben sie oft länger im Tierheim. Häufig trifft ältere Katzen der Käfig im Tierheim

FUNFACT
Die älteste Katze

Laut Guinness-Buch der Rekorde war die älteste dokumentierte Katze Creme Puff. Creme Puff wurde am 3. August 1967 geboren und starb 38 Jahre und drei Tage später. Eine andere langlebige Katze namens Rubble erreichte das beeindruckende Alter von 31 Jahren und verstarb 2020 in Exeter.

und der Stress, ihr Zuhause verloren zu haben, härter als jüngere Katzen. Sie verstecken sich möglicherweise, kauern oder fauchen in ihren Käfigen, was potenziellen Adoptiveltern den falschen Eindruck vermittelt, dass sie nicht freundlich sein könnten. Tatsächlich sind sie nur extrem gestresst und brauchen dringend deine Hilfe, um sich wieder sicher, geliebt und wohl zu fühlen.

WAS FÜR DIE ADOPTION EINER SENIORKATZE SPRICHT:

- **Du weißt, worauf du dich einlässt:** Keine Überraschungen! Wenn du dieses niedliche, kuschelige, verspielte acht Wochen alte Kätzchen aussuchst, hast du keine Ahnung, wie es in ein paar Jahren sein wird. Ja, wie du deine Katze aufziehst, spielt eine Rolle für ihre Persönlichkeit, aber die Genetik ebenso. Sie mag jetzt kuschelig sein, aber wenn sie erwachsen ist, hast du vielleicht keine Schoßkatze mehr. Bei einer Seniorkatze siehst du, was du bekommst. Viele haben weniger Energie und sind stärker auf ihre Menschen eingestellt. Sie sind aus allen destruktiven oder nervigen Verhaltensweisen herausgewachsen und viel pflegeleichter.

- **Realitätscheck:** 15–20 Jahre sind eine enorme Verpflichtung für jeden. Wenn du vorhast umzuziehen, eine Familie zu gründen, zu reisen – oder was auch immer in der Zukunft ansteht – bist du bereit, dein Kätzchen für das nächste Jahrzehnt mitzunehmen? Wenn nicht, könnte eine ältere Katze perfekt zu deinem Lebensstil passen. Es mag makaber klingen, aber wenn es um fünf statt 15 Jahre geht, könnte ein Senior besser für dich sein.

- **Senior-Katzen sind gut für Menschen jeden Alters.** Ich höre viel von Programmen, die darauf abzielen, Seniorkatzen mit älteren Menschen zusammenzubringen, was großartig ist! Oma und Opa werden mit ihrer energiearmen, ruhigen 12-jährigen Katze, die den größten Teil des Tages auf dem Sofa zusammengerollt verbringt, viel glücklicher sein als mit einem verrückten sechs Monate alten Kätzchen, das ständige Aufmerksamkeit und Aufsicht benötigt. Ich habe meine erste Seniorkatze adoptiert, als ich Anfang 20 war, und das war auch für mich großartig. Ich beendete gerade mein Studium, arbeitete Vollzeit und war generell wahnsinnig beschäftigt. Mein alter Herr, Thomas, war glücklich und zufrieden, solange alles seinen gewohnten Gang ging, sein Futternapf nie leer war und er ein weiches, warmes Katzenbett hatte, um den Tag verschlafen zu können.

- **Du machst etwas Gutes.** Seniorkatzen werden schlichtweg seltener adoptiert. In einer Tierheimumgebung bedeuten ein längerer Aufenthalt und ein schwächeres Immunsystem, dass Senioren eher krank werden und Stress auszustehen haben, was bedeutet, dass sie sich Adoptierenden gegenüber nicht vorteilhaft präsentieren. Ganz ehrlich, gehst du eher zu der freundlichen Katze, die ihre Pfote durch die Gitterstäbe streckt, um dich zu berühren, oder zu dem verängstigten Häufchen, das sich unter seinem Bett im hinteren Teil des Käfigs versteckt? Nur weil eine Katze sich im Tierheimkäfig so zeigt, heißt das nicht, dass sie in deinem Zuhause so sein wird. Es bedeutet nur, dass sie dich besonders braucht!

Okay, ich höre schon, was du sagst. Es ist zu traurig, einen Senior zu adoptieren! Ich kann mir die Tierarztkosten für eine ältere Katze nicht leisten! Aber weißt du was? Kätzchen werden auch alt. Ja, ich kann anerkennen, dass die Adoption einer Seniorkatze nicht für jeden geeignet ist. Natürlich ist es schwer, mitanzusehen, wie eine ältere Katze abbaut – aber für mich überwiegt das Gute daran, ein Leben zu retten und gerade einer übersehenen Katze ein Zuhause zu schenken.

Ich habe meinen ersten Senior, Thomas, aus einem Tierheim adoptiert, als er 26 Jahre alt war. Sein Besitzer war verstorben, und die Familie konnte seine fortgeschrittenen Bedürfnisse nicht übernehmen. Thomas lebte noch eineinhalb Jahre, nachdem ich ihn nach Hause gebracht hatte, und diese kurze Zeit mit ihm war wirklich eine Ehre. Zu wissen, dass ich ihm Würde in seinem Alter und ein sicheres Altersheim gab, wo er geliebt wurde, war so erfüllend für mich. Natürlich war ich am Boden zerstört, als bei ihm Krebs diagnostiziert wurde und wir uns verabschieden mussten, aber ich würde es ohne zu zögern wieder tun, allein für die Ehre, ihn gekannt zu haben.

Wenn wir über Tierarztkosten und Gesamtkosten sprechen, möchte ich auch den Mythos widerlegen, dass Seniorkatzen mehr kosten. Okay, es lässt sich nicht leugnen, dass sie häufigere Tierarztbesuche benötigen und ins-

gesamt anfälliger für gesundheitliche Probleme sind. Aber eine Katze jeden Alters kann einen medizinischen Notfall haben. Katzen können schon mit wenigen Jahren zuckerkrank werden, Herzprobleme entwickeln oder auf falsche Weise von einem Regal springen und sich ein Bein brechen. Kätzchen haben tendenziell höhere Adoptionsgebühren als erwachsene Katzen, und oft verzichten Tierheime und Tierschutzorganisationen bei Senioren vollständig auf Adoptionsgebühren.

Selbst wenn deine adoptierte Seniorkatze eine chronische Erkrankung wie Hyperthyreose hat, die bei älteren Katzen äußerst häufig vorkommt, kostet die tägliche Medikation nur etwa 10–20 Euro im Monat. Und einige Tierheime und Tierschutzorganisationen bieten „Dauerpflegeprogramme" für Seniorkatzen an, bei denen sie weiterhin für die Tierarztkosten der Katze für den Rest ihres Lebens aufkommen. Informiere dich und lass dich nicht abschrecken. Gib einer Seniorkatze eine Chance!

Pflege der Seniorkatze

Nachdem ich nun die Gelegenheit hatte, dich von der Adoption einer älteren Katze zu überzeugen, sollten wir die Arten der speziellen Pflege behandeln, die sie möglicherweise benötigt. Bestimmte Gesundheitsprobleme treten bei Seniorkatzen häufiger auf, und es ist wichtig, erkennen zu können, wann deine Katze tierärztliche Versorgung benötigt, da sich diese Zustände oft als Verhaltensprobleme präsentieren und deswegen fehlinterpretiert werden. Achte besonders auf Veränderungen im Verhalten deiner Katze, wie Urinieren außerhalb der Katzentoilette, jede Änderung ihrer Routine, wie das Versäumnis, dich an der Tür zu begrüßen, wenn du nach Hause kommst, übermäßiges Miauen, Anzeichen von Stress wie zielloses Wandern, verminderter oder gesteigerter Appetit oder alles andere, was ungewöhnlich ist. Deine Katze und ihre Routinen und Gewohnheiten gut zu kennen, wird entscheidend sein, um gesundheitliche Probleme schnell und effizient anzugehen.

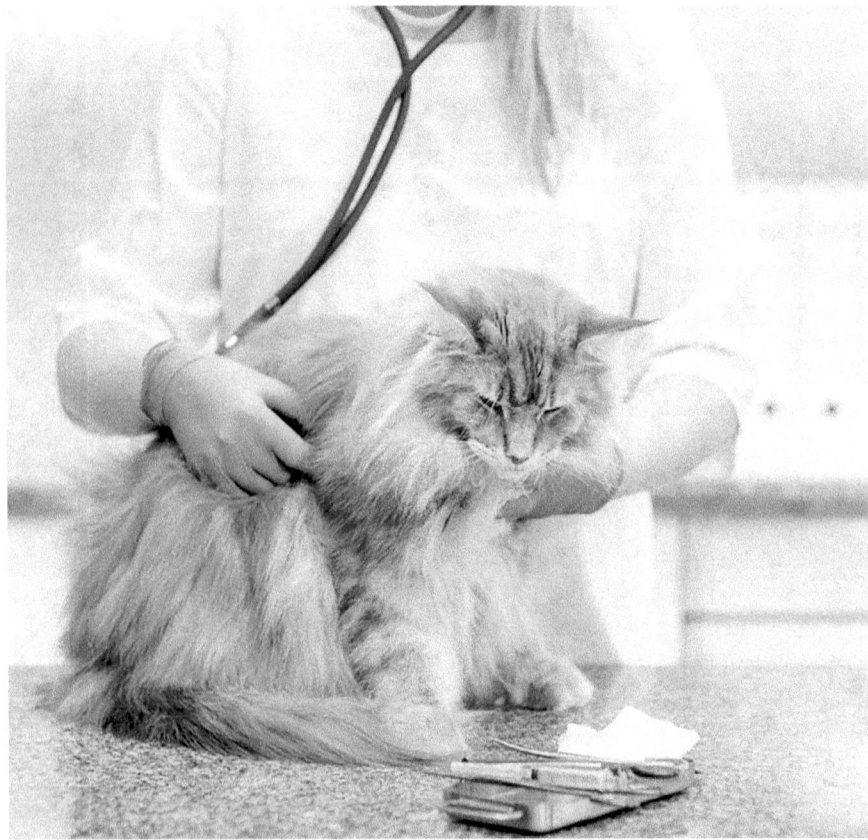

Häufige Gesundheitsprobleme bei Seniorkatzen:

- **Hyperthyreose:** Das ist das große Problem, das etwa 20 Prozent aller Katzen über zehn Jahren betrifft und es zum häufigsten Gesundheitsproblem bei älteren Katzen macht. Es kann sich auf verschiedene Weise zeigen, daher ist es generell angeraten, die Schilddrüse deiner Katze überprüfen zu lassen, wenn sie sich anders verhält als gewöhnlich. Häufige Anzeichen sind deutlich gesteigerter Appetit, erhöhter Durst, Gewichtsverlust trotz vermehrter Nahrungsaufnahme, vermehrtes Urinieren mit möglichen Missgeschicken außerhalb der Katzentoilette, verstärktes Miauen – besonders nachts –, Erbrechen und Reizbarkeit. Dein Tierarzt wird einen Bluttest zur Bestätigung durchführen und wahrscheinlich tägliche Medikation in Tablettenform verschreiben, da dies die günstigste Behandlungsmethode ist. Wenn dein Tierarzt Methimazol verschreibt, kannst du auch nach einer flüssigen oder transdermalen Form fragen.

  Regelmäßige Blutuntersuchungen sind für Katzen mit Hyperthyreose notwendig, um sicherzustellen, dass die Medikation noch wirkt und nicht angepasst werden muss. Es gibt auch andere Behandlungsmethoden wie einer verschreibungspflichtige Diät für milde Fälle. Eine chirurgische Entfernung der Schilddrüse oder Behandlung mit radioaktivem Jod sind ebenfalls Optionen. Obwohl diese Behandlungen invasiver und teurer sind, können sie Hyperthyreose dauerhaft beheben, ohne dass eine lebenslange Medikation erforderlich ist.

- **Arthritis:** Wenn du eine Seniorkatze hast, leidet sie wahrscheinlich unter irgendeiner Art von Arthritisschmerzen. Was gemeinhin als normales Altersverhalten angesehen wird, ist tatsächlich eher schmerzbedingt. Anzeichen von Arthritis sind Widerwillen oder Zögern, auf Möbel zu springen, Schwierigkeiten mit Treppen, Schwierigkeiten beim Ein- und Aussteigen aus der Katzentoilette, verminderte Aktivität sowie Hinken oder Steifheit. Übergewichtige und krallenbeschnittene Katzen sind anfälliger für Arthritis. Dein Tierarzt kann NSAIDs oder ein Nahrungsergänzungsmittel für die Gelenke empfehlen. Zusätzlich kannst du deiner Katze helfen, indem du ihr eine Heizdecke oder ein beheiztes Bett zum Schlafen gibst, ihr eine Katzentoilette mit niedrigem Einstieg zur Verfügung stellst, alles, was sie braucht, auf Bodenhöhe platzierst oder ihr Rampen oder Treppen anbietest und ihr hilfst, ein gesundes Gewicht zu halten.

- **Diabetes:** Die häufigsten von den Besitzern bemerkten Symptome sind: Urinieren außerhalb der Katzentoilette, gesteigerter Hunger und Durst, erhöhtes Urinvolumen, Gewichtsverlust und/oder ein fettiges Fell. Wenn deine Katze eines dieser Symptome zeigt, wird dein Tierarzt wahrscheinlich Blutuntersuchungen (komplettes Blutbild und chemische Analyse), eine Urinanalyse und Fruktosamin-Tests empfehlen. Einige Katzen benötigen Insulin; bei anderen kann der Diabetes allein durch die Ernährung kontrolliert werden. Dein Tierarzt wird dir helfen können, die richtige Behandlungsstrategie für deine Katze zu wählen. Im Allgemeinen geht es allen diabetischen Katzen am besten mit einer Ernährung, die nur aus Nassfutter besteht, wobei eine empfehlenswerte Marke Animonda Integra Protect Diabetes ist, sollte dein Tierarzt kein verschreibungspflichtiges Futter verordnen.

Eine Diabetes-Diagnose kann für viele Katzenbesitzer beängstigend sein, da sie eine sorgfältige Überwachung, häufige Tests und in einigen Fällen tägliche Insulininjektionen für deine Katze erfordert. Zusätzlich zur engen Zusammenarbeit mit deinem Tierarzt gibt es viele Ressourcen, die dir helfen können, wenn bei deiner Katze Diabetes diagnostiziert wird, einschließlich Online-Foren und Selbsthilfegruppen für Besitzer diabetischer Katzen, die Erfahrungsaustausch und praktische Unterstützung bieten.

- **Chronische Nierenerkrankung:** Häufige Anzeichen dafür, dass deine Katze an chronischer Nierenerkrankung (CNE) leiden könnte, sind Lethargie, übermäßiger Durst und häufiges Urinieren, ungepflegtes Aussehen und Gewichtsverlust. Es gibt keine Heilung für CNE, deshalb geht die Nierenfunktion im Laufe der Zeit allmählich verloren, was letztendlich zum Tod führt. Glücklicherweise kann die Erkrankung gut unter Kontrolle gehalten werden, und viele Katzen mit CNE leben noch viele Jahre nach ihrer Diagnose. Dein Tierarzt wird Blutuntersuchungen und eine Urinanalyse durchführen, bevor er einen Behandlungsplan festlegt. Normalerweise wird deine Katze auf eine verschreibungspflichtige Diät gesetzt, und sie benötigt möglicherweise regelmäßige Flüssigkeitstherapie, um sicherzustellen, dass sie ausreichend hydriert bleibt. Bei der subkutanen Flüssigkeitstherapie wird dir dein Tierarzt zeigen, wie du zu Hause eine Nadel unter die Haut deiner Katze platzierst, um Flüssigkeiten unter ihrer Haut freizusetzen. In einigen Fällen kann eine intravenöse Flüssigkeitstherapie erforderlich sein, was regelmäßige Besuche beim Tierarzt erfordert.

- **Zahnerkrankungen:** Zwei meiner Katzen, die ich als Senioren adoptiert hatte, mussten vollständige Zahnextraktionen bekommen, bei denen sie alle ihre Zähne einbüßten! Das ist nicht ungewöhnlich, denn fast jede Katze benötigt irgendwann in ihrem Leben eine Zahnbehandlung. Achte darauf, ob deine Katze an ihrem Maul kratzt, weniger frisst oder Schwierigkeiten beim Fressen hat, übermäßig sabbert oder über den normalen stinkenden Thunfischatem nach dem Fressen hinaus Mundgeruch hat. Oft werden diese Anzeichen übersehen, weshalb es äußerst wichtig ist, deine Katze mindestens einmal jährlich zum Tierarzt zu bringen. Wenn deine Katze während ihres Lebens regelmäßige

Foto Von
Heather Greenberg

Zahnreinigungen erhält, wird sich das langfristig auszahlen. Oft erhalten Katzen keine Zahnpflege, bis es zu spät ist, und sie benötigen dann Zahnextraktionen zusätzlich zu einer gründlichen Reinigung unter Sedierung. Unbehandelt kann eine Zahnerkrankung andere Teile des Körpers deiner Katze beeinträchtigen. Zahnprobleme bei Katzen werden mit Herz-, Leber- und Nierenerkrankungen in Verbindung gebracht.

- **Kognitiver Abbau:** Genau wie Menschen sind Katzen im Alter nicht mehr ganz auf der Höhe wie früher. Viele Katzen verlieren im Laufe der Jahre ihre Sinnesfunktionen und können Schwierigkeiten beim Hören oder Sehen haben. Es ist wichtig, ältere Katzen ins Haus zu holen, da der Verlust der Sinnesfunktionen sie anfälliger für Raubtiere und andere Gefahren macht, die die Außenwelt mit sich bringt. Katzen können auch kognitiv abbauen, wenn sie ein hohes Alter erreichen, was Verwirrung, Probleme mit der Katzentoilette, mangelnde Selbstpflege, Angst, Reizbarkeit, Unruhe, verstärktes Miauen, Veränderungen im Schlafzyklus – also praktisch jede mögliche Verhaltensänderung mit sich bringt. Etwa 50 Prozent der Katzen über 15 Jahre zeigen verschiedene Symptome kognitiven Abbaus. In dieser Situation kann nicht viel getan werden – denk nur daran, dass, obwohl einige dieser Verhaltensänderungen frustrierend sein können, es nicht die Schuld deiner Katze ist. Sie braucht jetzt mehr denn je deine Liebe und Unterstützung.

- **Krebs:** Das große „K"-Wort – Krebs ist die häufigste Todesursache bei Katzen. Gewichtsverlust, Erbrechen, Durchfall, Appetitlosigkeit und Unwohlsein sind häufige Anzeichen, ebenso wie der offensichtlichere sichtbare Tumor am Körper deiner Katze. Die Symptome können von Katze zu Katze und zwischen verschiedenen Krebsarten variieren – ein weiterer Grund, das Verhalten deiner Seniorkatze genau zu beobachten, um jede subtile Veränderung zu bemerken. Blutuntersuchungen, Röntgenaufnahmen, Ultraschall, MRTs und CT-Scans werden verwendet, um Krebs bei Katzen zu diagnostizieren, ebenso wie Aspirationen oder Biopsien. Dein Tierarzt kann Chemotherapie, chirurgische Entfernung oder die Konsultation eines Katzen-Onkologen empfehlen. In einigen Fällen kann die beste Strategie für dich und deine Katze sein, gar keine Krebsbehandlung in Angriff zu nehmen, sondern einfach die verbleibende gemeinsame Zeit so gut wie möglich zu genießen und dafür zu sorgen, dass dein Tier bis zuletzt gut umsorgt ist."

Dies ist keine umfassende Liste von medizinischen Problemen, die bei deiner Katze auftreten könnten, aber es sind einige der am häufigsten. Achte sehr genau auf deine Seniorkatze und notiere alle Verhaltensänderungen, damit du gesundheitliche Probleme frühzeitig angehen kannst.

Anpassungen für deine Seniorkatze

Ich habe es kurz angesprochen, als ich über Arthritis bei Katzen gesprochen habe – deine Seniorkatze wird irgendwann langsamer werden, und das Herumlaufen kann für sie während ihrer letzten Jahre schwierig oder schmerzhaft sein. Du kannst in dieser Zeit einige besondere Anpassungen vornehmen, um es deiner Katze leichter zu machen und ihr eine bessere Lebensqualität zu bieten.

Seniorkatzen brauchen im Allgemeinen mehr Hilfe bei der Fellpflege. Wenn du die Krallen deiner Katze regelmäßig schneidest und sie ein- oder zweimal pro Woche bürstest, macht das sehr viel aus. Achte darauf, diese Verrichtunge sanft auszuführen, besonders wenn du es mit Verfilzungen zu tun hast. Wenn das Fell deiner Katze so ungepflegt wird, dass du es nicht mehr selbst in den Griff bekommst, kann es notwendig sein, einen professionellen Pfleger zu konsultieren, der zu dir nach Hause kommt.

Inzwischen weißt du alles über die richtige Wahl und Platzierung der Katzentoilette. Es ist besonders wichtig, diese Entscheidungen bei Seniorkatzen zu berücksichtigen. Deine 15-jährige Katze kann ihre Blase nicht mehr so halten wie früher, und sie kann sicherlich nicht mehr rechtzeitig die ganze Kellertreppe hinunter. Halte Katzentoiletten auf jeder Etage, in der Nähe des Ortes, an dem deine Katze die meiste Zeit verbringt. Suche nach einer Toilette, in die sie leicht einsteigen kann – ich empfehle die „Kitty Go Here", die bei Amazon erhältlich ist. Bei sehr alten Katzen musst du möglicherweise kreativ werden und zusätzliche niedrige Eingänge ausschneiden oder sogar eine Transportbox-Schale ausprobieren, damit deine Katze ihre Beine nicht anheben muss, um in die Box ein- und auszusteigen. Bei Super-Senioren werden Welpenunterlagen dein bester Freund sein. Kleinere Malheure außerhalb der

FUNFACT
Pflege einer Seniorkatze

Seniorkatzen können Schwierigkeiten bekommen, sich selbst zu pflegen, und benötigen zusätzliche Unterstützung von dir. Sanftes Bürsten kann bei langhaarigen Katzen Verfilzungen vorbeugen und kann eine bedeutungsvolle Bindungserfahrung für dich und deine Katze sein. In manchen Fällen entwickeln Seniorkatzen trotzdem Verfilzungen und sollten zu einem Katzenpfleger gebracht werden, um für ihr eigenes Wohlbefinden geschoren zu werden.

Katzentoilette gehören im Alter manchmal dazu – mach es deinem alten Freund so einfach wie möglich.

Du wirst vielleicht bemerken, dass deine Katze im Alter wählerischer bei ihrem Futter und Wasser wird. Versuche, ihr Futter und Wasser in ver-

Foto Von
Katrina Ooms

schiedenen Arten von Näpfen anzubieten. Erwäge einen Trinkbrunnen. Füge Wasser, Thunfischsaft oder Hühnerbrühe zu ihrem Futter hinzu, um es weicher zu machen und zusätzlichen Geschmack hinzuzufügen. Versuche, Nassfutter in der Mikrowelle zu erwärmen. Biete verschiedene Konsistenzen und verschiedene Marken an. Bei deiner Katze zu sitzen und sie zum Fressen zu ermutigen, kann auch eine Wirkung haben. Wenn die Appetitlosigkeit anhält, lass sie von deinem Tierarzt untersuchen. Er kann möglicherweise ein Appetitanregungsmittel verschreiben.

Denk daran, dass deine Katze nicht mehr so mobil ist wie früher. Wenn du ihr alles auf einer Etage anbieten kannst, sodass sie keine Treppen benutzen muss, um zu ihrem Futter oder ihrer Katzentoilette zu gelangen, ist das ideal. Biete Rampen oder Treppen an, damit sie keinen großen Sprung machen muss, um auf das Sofa oder Bett zu gelangen. Das Hinzufügen von Teppichen zu Fliesen-, Holz- oder Laminatbodenbereichen kann hilfreich sein, besonders wenn du Treppen aus diesem Material hast. Deine Katze möchte sich vielleicht nicht mehr zum Kratzen strecken, daher kann das Anbieten horizontaler Kratzmöglichkeiten hilfreich sein. Mach dein Zuhause so seniorenfreundlich wie möglich!

Deine ältere Katze spielt vielleicht nicht mehr wie früher, und das ist in Ordnung. Verlangsame ihre Spielsitzungen mit einfacherer „Beute", aber höre nicht ganz mit dem Spielen auf. Vielleicht konnte sie früher in die Luft springen, um ein Spielzeug zu greifen, aber jetzt ist sie wahrscheinlich viel zufriedener damit, es zu schlagen, während sie auf der Seite liegt.

Ich habe es vorhin kurz erwähnt, aber beheizte Betten sind wie Magie für alte Katzen. Biete ein Heizkissen, eine elektrische Decke oder ein beheiztes Katzenbett an, und beobachte, wie deine ältere Katze sich sofort dorthin begibt. Es ist gemütlich und bequem und lindert auch ihre Schmerzen in den alten Knochen.

Lebensende und Hospizpflege: oher weißt du, wann es Zeit ist?

Es wird eine Zeit in deiner Beziehung zu deiner Katze kommen, in der du beginnst, ihre Lebensqualität in Frage zu stellen. Wie triffst du diese große Entscheidung, dich von deinem besten Freund und treuen Begleiter zu verabschieden? Lass dir gesagt sein: Es wird immer früher kommen, als du erwartest, und lange bevor du dafür bereit bist. Du wirst es spüren, wenn es Zeit ist. Du wirst es einfach wissen. Selbst wenn du eine 18-jährige Katze mit

Nierenerkrankung adoptiert hast und schon nach ein paar Monaten vor dieser schweren Entscheidung stehst – du bist die Person, die deine Katze am besten kennt. Du bist ihr bester Fürsprecher und die Person, die am besten ausgerüstet ist, um zu wissen, was die beste Entscheidung für sie ist. Es fühlt sich definitiv nicht immer so an, aber es ist wahr.

Wenn du dir immer noch unsicher bist, wann der richtige Zeitpunkt ist, sprich mit einem Tierarzt, der sich auf Hospiz- und Lebensende-Betreuung spezialisiert hat. In Deutschland gibt es einige Tierheime und spezialisierte Praxen, die Hospizdienste für Tiere anbieten. Diese Tierärzte können deine Katze zu Hause besuchen, um dir zu helfen, einen Plan für die Hospizpflege und den eventuellen friedlichen Übergang zu erstellen. Tierhospiz-Organisationen verwenden in der Regel eine Skala zur Bewertung der Lebensqualität, um dir bei der Entscheidungsfindung zu helfen. Die Skalen unterscheiden sich zwischen verschiedenen Organisationen. Ich persönlich betrachte gerne sieben verschiedene Aspekte des Verhaltens und der Gesundheit deiner Katze:

- **Beweglichkeit:** Wie bewegt sich deine Katze? Kann sie Treppen benutzen, auf Möbel springen und ohne größere Schwierigkeiten vom Liegen aufstehen? Verbringt sie die meiste Zeit an einem Ort, oder bewegt sie sich wie gewohnt von Ort zu Ort? Braucht sie Hilfe bei einigen Dingen, die sie früher konnte, oder versucht sie es gar nicht mehr?

- **Futteraufnahme:** Frisst sie mehr oder weniger als üblich? Hat sie ganz aufgehört zu fressen? Kannst du sie mit besonderen Leckerbissen oder Menschennahrung locken, aber sie rührt nichts anderes an? Frisst sie nur, wenn du bei ihr sitzt und sie streichelst? Hat sie trotz regelmäßiger Mahlzeiten erheblich an Gewicht verloren?

- **Wasseraufnahme:** Trinkt sie sehr viel, oder hat sie ihren Wassernapf in letzter Zeit nicht angerührt? Beide Extreme können ein schlechtes Zeichen sein.

- **Persönlichkeit und Lieblingsdinge:** Ist deine Katze normalerweise der Mittelpunkt der Party und die erste, die dich an der Tür begrüßt, wenn du nach Hause kommst? Vielleicht genießt sie trotz ihres Alters ein gutes Spiel Apportieren und gelegentlich die Jagd nach der Federspielangel. Vielleicht ist sie eine Schoßkatze oder eine begeisterte Vogelbeobachterin. Was auch immer das normale Verhalten deiner Katze ist, macht sie diese Dinge noch? Verbringt sie ihre ganze Zeit mit Schlafen und wacht nicht einmal für das Rascheln der sich öffnenden Leckerli-Tüte auf? Einfach ausgedrückt, genießt deine Katze das Leben noch wie früher?

- **Urinier-/Kotgewohnheiten:** Was die Ausscheidungen angeht – ob zu viel, zu wenig, Durchfall oder Missgeschicke außerhalb der Katzentoilette: All das ist zwar besorgniserregend, aber noch kein Grund zu glauben, dass keine Hilfe mehr möglich ist. Wenn deine Katze anfängt, in ihr Bett oder direkt dort, wo sie liegt, zu urinieren oder in 50 Prozent oder mehr der Fälle es nicht mehr zur Katzentoilette schafft, gibt es ein Problem mit, was die Lebensqualität stark einschränkt.

- **Medizinische Versorgung:** Wenn das gesundheitliche Problem deiner Katze sich bisher mit Medikamenten oder dem besprochenen Behandlungsplan gut in den Griff bekommen ließ – und das jetzt nicht mehr klappt –, ist es an der Zeit, über ihre Lebensqualität nachzudenken. Wenn eine chronische Erkrankung nicht mehr behandelt wird oder nicht auf die Behandlung anspricht, könnte deine Katze leiden.

- **Körperliche Präsentation:** Ist sie ungepflegt oder schmutzig? Hat sie offene Wunden, Beulen oder Tumore? Ist sie desorientiert, verwirrt, stressgeplagt oder hat Atembeschwerden? Schreit sie vor Schmerzen? All dies können Anzeichen für einen Notfall sein.

Dies sind Richtlinien und Dinge, über die du nachdenken solltest, nicht mehr. Wenn du jedoch mehrere dieser Verhaltensweisen oder Anzeichen bei deiner Katze beobachtet hast, besprich es mit deinem Tierarzt und beginne, dich mit der Tatsache abzufinden, dass dir eine schwierige Entscheidung bevrsteht. Eine gute Faustregel ist, diese Diskussion zu führen, sobald deine Katze mehr schlechte als gute Tage zu haben scheint.

Einschläfern ist und sollte kein schmutziges Wort sein. Es bedeutet, das Leben absichtlich zu beenden, um Schmerzen und Leiden zu lindern. Es bedeutet, deiner Katze ein friedliches, würdevolles Ende zu geben, in dem Wissen, dass es keinen perfekten Moment gibt und dass sich der richtige Zeitpunkt für jeden anders anfühlt. Viele Katzenbesitzer möchten ihrer Katze einen perfekten letzten Tag geben, an dem sie ihre Lieblingsdinge tut und ihre Lieblingsmahlzeit isst, und verhindern, dass sie überhaupt intensives Leiden erfährt. Andere Katzenbesitzer möchten bis zum letzten Moment festhalten, jeden möglichen Moment mit ihrem Freund verbringen und brauchen länger, um mit der Entscheidung zurechtzukommen. Es gibt keine richtige oder falsche Antwort.

Eine sanfte Einschläferung ist ein Geschenk, das du deiner Katze machst, und sollte dich nicht schuldig oder unmoralisch fühlen lassen. Wenn sie durchgeführt wird, um ein Haustier von Schmerzen und Leiden zu befreien, ist es die verantwortungsvollste, beste Entscheidung, die du am Ende für deine Katze treffen kannst. Obwohl es möglich ist, dass deine Katze friedlich im Schlaf von selbst stirbt, kann ein natürlicher Tod oft schmerzhaft sein und mit längerem Leiden verbunden sein. Mir ist klar, dass es eine persönliche Entscheidung ist und dass nicht jeder damit umgehen kann. Versuche trotzdem, die Einschläferung deines Haustiers zu Hause durchführen zu lassen oder bei ihm im selben Raum der Tierarztpraxis zu sein. In ihren letzten Momenten braucht deine Katze dich – denn es kann beängstigend und einsam für sie sein, wenn sie nur einen fremden Menschen an ihrer Seite hat, auch wenn er freundlich ist.

Wenn du diese endgültige Entscheidung triffst, scheue dich nicht, deinem Tierarzt alle Fragen zu stellen, die du zum Prozess haben könntest. Die meisten Tierärzte können besondere Wünsche erfüllen, wie zum Beispiel, wenn du deine Katze auf deinem Schoß halten möchtest, anstatt sie auf dem Untersuchungstisch ruhen zu lassen. Im Allgemeinen wird dein Tierarzt deiner Katze zuerst ein Beruhigungsmittel geben, um sie einschlafen zu lassen. Sobald sie ruhig und entspannt ist, wird der Tierarzt dann die tödliche Injektion verabreichen. Es ist ein schneller, schmerzloser Prozess, der dazu führt, dass der Herzschlag deiner Katze langsamer wird und schließlich aufhört. Deine Katze gleitet friedlich davon, normalerweise innerhalb von Sekunden nach der Injektion. Dir wird wahrscheinlich die Wahl angeboten, ihren Körper zur Beerdigung mit nach Hause zu nehmen oder die Option zu haben, ihren Körper einäschern zu lassen. Die meisten Tierärzte bieten private Einäscherung an, bei der du ihre Asche in einer Urne oder einer Holzbox zurückerhalten würdest, um sie auszustellen. Du kannst auch die Masseneinäscherung wählen, bei der deine Katze zusammen mit anderen Tieren eingeäschert wird und ihre Asche respektvoll entsorgt wird.

Umgang mit Verlust

Dies ist ein schwieriges Thema, und eines, für das ich nicht alle Antworten habe. Ich sage dir, dass du nicht allein bist und dass es absolut normal ist, wenn du Schwierigkeiten hast, mit dem Verlust eines Haustiers umzugehen. Es stimmt: Der Verlust eines Haustiers kann genauso schmerzhaft sein wie der eines menschlichen Familienmitglieds – manchmal sogar noch traumatischer. Du verlierst eine Quelle bedingungsloser Liebe, Trost und Kameradschaft sowie ein Wesen, dessen Leben von dir abhängig war und sich um dich drehte, fast wie ein Kind. Ich denke, es ist in Ordnung, so in Bezug auf eine Katze oder einen Hund zu empfinden.

Es gibt ein Stigma rund um die Bewältigung des Verlusts einer Katze, oder? Ist es gesellschaftlich akzeptabel, bei der Arbeit zu fehlen, weil deine Katze gestorben ist? Kannst du Wochen später vor deinen Freunden in Tränen ausbrechen, weil du im Fernsehen eine Katze gesehen hast, die wie deine aussah, ohne einen seltsamen Blick zu bekommen? Ich weiß es nicht. Ich denke, es hängt von deinem Arbeitgeber und deinen Freunden ab. Ich denke, dass beide Dinge völlig in Ordnung sind. Ich würde dich nicht verurteilen. Es ist schwer. Es wird mit der Zeit vielleicht einfacher, und vielleicht auch nicht. Du entscheidest vielleicht, in Zukunft eine neue Katze zu bekommen, und vielleicht auch nicht. Ich möchte darauf hinweisen, dass Menschen unterschiedlich trauern, und das ist auch in Ordnung. Du bist vielleicht so aufgebracht über dieses leere Gefühl in deinem Zuhause, dass du eine Woche nach dem Tod deiner Katze eine andere adoptieren möchtest. Du brauchst vielleicht auch ein paar Monate oder ein Jahr, bevor du dich bereit fühlst. Beide Optionen sind in Ordnung.

Für mich hilft es, etwas zum Andenken an mein verstorbenes Haustier aufzubewahren. Es könnte ein Tinten- oder Ton-Pfotenabdruck sein, den mein Tierarzt angeboten hat, eine Box mit seiner Asche, ein Foto, ein Lieblingsspielzeug, Halsband oder was auch immer du denkst, das das Andenken deiner Katze am besten ehrt und bewahrt. Ich habe im Laufe der Jahre mit viel Verlust umgehen müssen, da ich Seniorkatzen oder Katzen, die Hospizpflege benötigen, zu Hause aufnehme. Ich habe ein Regal in der Ecke meines Schlafzimmers, das all diese Erinnerungsstücke beherbergt, die ich aufbewahrt habe. Über deine Katze zu sprechen, hilft auch. Als Schriftstellerin spreche und schreibe ich über unsere schönsten Erinnerungen – und darüber, wie wir das Leben des anderen auf wunderbare Weise bereichert haben. Was auch immer dir hilft zu trauern, ist in Ordnung, und du solltest dich nie dafür schämen. Egal, was passiert oder wie deine Situation ist, du hast das Leben deiner Katze so glücklich gestaltet, wie du nur konntest, und das ist es, was am Ende zählt.

EXPERTENRAT

Was ist dein bester Rat für die Pflege einer Seniorenkatze?

//Regelmäßige Tierarztbesuche mit Blutuntersuchungen sind unerlässlich, um Erkrankungen (wie Nierenprobleme) frühzeitig zu erkennen. Hab Geduld und Verständnis, wenn deine Katze es manchmal nicht mehr rechtzeitig zur Katzentoilette schafft. LIEBE DEINE KATZE EINFACH. Sie war all die Jahre bei dir und hat dir ihre Liebe geschenkt. Bitte gib sie nicht weg, nur weil sie alt ist!"

MARGARET SLABY
Golden Oldies Cat Rescue

//Vertraue deinem Tierarzt oder finde einen, dem du vertrauen kannst. Geh mindestens einmal, besser zweimal jährlich zum Tierarzt. Als Beutetiere verstecken Katzen Krankheiten vor dir, bis es oft schon sehr spät ist. Regelmäßige Untersuchungen geben deinem Tierarzt die Chance, Probleme frühzeitig zu erkennen, damit du sie behandeln und Leiden vermindern kannst."

LIZ OSTEN
Cat Rescue of Marlborough and Hudson (CaRMaH)

//Sobald Katzen Senioren werden, sollten sie die vom Tierarzt empfohlenen Medikamente bekommen, und du solltest die tierärztlichen Anweisungen zur Pflege ihrer Beschwerden befolgen. Ältere Katzen verlieren die Fähigkeit, sich gut selbst zu reinigen. Du kannst sie öfter bürsten und ein paar Mal pro Woche Tierpflegetücher verwenden, um sie zu säubern."

JULIA MELTON
Summit Animal Rescue Assn.

//Halte das Zuhause ruhig und lass Seniorkatzen in Frieden dösen. Achte auf gesunde Zähne (das wird von Besitzern oft übersehen). Gib ihnen extra Nassfutter (gut für ihre Nieren) und liebe, liebe, liebe sie."

LINDA DIAMOND
SoBe Cats Spay & Neuter, Inc.

 WEITER

"Achte auf die Ess-/Trink-/Toilettengewohnheiten deiner Katze. Schenke ihr viel Liebe und biete ihr deinen warmen Schoß zum Schlafen an! Wenn die Zeit kommt, eine Entscheidung zu treffen, arbeite mit deinem Tierarzt zusammen, um dich über den Zustand deiner Katze zu informieren, und triff – wenn nötig – die Entscheidung, die für deine Katze die beste ist. Es liegt in unserer Natur, unsere Haustiere aus Eigennutz bei uns behalten zu wollen, aber das ist nicht immer das Beste für sie."

LESLIE THOMAS
Itty Bitty Kitty Committee

"Behandle ältere Katzen so, wie du selbst behandelt werden möchtest – das ist mein bester Rat. Der Katzenkörper verändert sich mit der Zeit, genau wie der menschliche Körper. Man kann nicht vorhersagen, wie und wie schnell diese Veränderungen fortschreiten! Schenke Liebe, Aufmerksamkeit und durchdachte Pflege, und denke daran, dass dein Kätzchen möglicherweise sein scharfes Sehvermögen, sein feines Gehör und die leichten, anmutigen Bewegungen verliert, die es früher hatte."

ELIZABETH FUDGE
Companion Animal Alliance

"Eine Seniorkatze zu adoptieren ist äußerst lohnend. Einer Katze ein Zuhause für ihren Lebensabend zu geben, ist etwas Wunderbares. Wenn es deine eigene Katze ist, wird sie vielleicht unsauberer als früher. Sie wird vielleicht launischer oder bekommt kleinere Gesundheitsprobleme. Das gehört dazu, und deine Katze braucht dich jetzt mehr denn je. Wir bekommen viele Anfragen zur Abgabe älterer Katzen, dabei könnten deren Probleme wahrscheinlich mit einem kurzen Tierarztbesuch gelöst werden, sobald klar ist, was das neue Verhalten verursacht."

KIM KAY
Angels Among Us Pet Rescue

"Seniorkatzen sind Meister darin, Gesundheitsprobleme zu verbergen, aber ein Bluttest hilft, Leber und Nieren zu überwachen. Achte auf Anzeichen von Arthritis. Denk daran, dass Sehvermögen und Gehör nachlassen könnten. Schenke Katzen Aufmerksamkeit, wenn sie es wollen. Die Zeit vergeht so schnell."

ANNA SEALS
Central Indiana Foster Cats

❚❚ WEITER ➡

//Seniorkatzen verdienen viel Ruhe und Komfort. Versuche, keine großen Veränderungen im Haushalt vorzunehmen, wie ein neues Haustier hinzuzufügen oder das Haus für lange Stunden oder Tage zu verlassen. Bringe sie alle sechs bis zwölf Monate zur Seniorenuntersuchung. Stelle sicher, dass notwendige Zahnbehandlungen durchgeführt werden und mache regelmäßige Blutuntersuchungen, um sicherzustellen, dass sie bei bester Gesundheit sind."

AMANDA HODDER
Kitten Rescue Life

//Achte auf die sich ändernden Bedürfnisse deiner Katze! Die Ernährungsbedürfnisse von Katzen ändern sich mit zunehmendem Alter. Gewichtsschwankungen und der allgemeine Fellzustand sind gute Indikatoren dafür. Seniorentiere brauchen etwas mehr Hilfe. Treppchen für den Zugang zum Bett oder zur Couch können notwendig werden. Eine Katzentoilette mit niedrigem Rand erleichtert deiner Katze das Ein- und Aussteigen. Auch die Streuart muss möglicherweise für den Komfort und die Stabilität deiner Katze geändert werden. Frage deinen Tierarzt nach Nahrungsergänzungsmitteln und Präparaten für die Gelenkgesundheit. Und achte auf Gerüche! Stinkender Atem, Ohren und Fell oder Veränderungen der Toilettengerüche können darauf hindeuten, dass eine Behandlung notwendig ist! Wenn du Probleme früh erkennst, sind sie eher behandelbar. Am wichtigsten ist, dass du deine Katze weiterhin liebst! Du bist alles für sie, und sie ist auf dich angewiesen! Es ist schwer, Katzen altern zu sehen, aber solange sie eine gute Lebensqualität haben, werden sie glücklich sein, von ihrem Menschen für immer geliebt und umsorgt zu werden."

CORI LYNN STANLEY
Averting CAT-astrophe

//Ich habe festgestellt, dass ältere Katzen es besonders genießen, gebürstet zu werden. Es fällt ihnen schwerer, sich selbst zu pflegen. Achte auf Veränderungen der Essgewohnheiten oder des Verhaltens bei der Katzentoilette und zögere nicht, bei Bedarf mit dem Tierarzt zu sprechen. Zahnpflege ist wichtig. Wenn du die Zähne deiner Katze regelmäßig putzt und sie es toleriert, mach weiter damit, aber sei besonders sanft. Falls nicht, vereinbare eine professionelle Zahnreinigung beim Tierarzt. Ermutige Katzen zum Spielen, aber zwinge sie nicht dazu."

ROSEMARY TOROK
Community Cat Companions

//Hat deine Katze mehr Schwierigkeiten, auf die Couch zu kommen oder rechtzeitig zur Katzentoilette zu gelangen? Erhöhe den Stand der Näpfe, senke die Katzentoiletten ab, stelle Treppen zum Bett und zur Couch bereit. Bring dein Kätzchen zum Tierarzt, um Vorschläge für Nahrungsergänzungsmittel gegen Arthritis zu erhalten, falls sich diese entwickelt. Behalte das Gewicht deiner Katze im Auge. Du musst ihr vielleicht mehr Leckerbissen geben, wenn sie nicht mehr so viel frisst."

JOANNA LANDRUM
Rutherford County Cat Rescue

Nachwort

Nun, wir sind am Ende des Buches angelangt. Ich hoffe, dass du etwas gelernt hast, egal ob du gerade erst darüber nachdenkst, deine erste Katze zu adoptieren, schon ein paar Katzen in deinem Leben hattest, aber lernen möchtest, wie du in Zukunft ein besserer Katzenhalter sein kannst, oder ob du wie meine Mutter bist, die dieses Buch nur aus Pflichtgefühl gekauft hat. Bei Katzen gibt es nie einen Punkt, an dem du alles über sie gelernt hast. Katzen werden gerade erst als trainierbare, wertvolle Haustiere anerkannt in einer Welt, in der Hunde den Ton anzugeben scheinen. Neue Forschungsergebnisse darüber, wie wir als Tierhalter und Fachleute die Bedürfnisse unserer Katzen am besten erfüllen können, werden jeden Tag veröffentlicht.

Etwas, das ich als junge Person, die eine Fachexpertin für Katzen und Katzenverhalten ist, oft höre, ist: „Ach Schätzchen, ich habe schon Katzen gehabt, als du noch nicht mal auf der Welt warst" oder „Ich benutze seit 20 Jahren eine Sprühflasche bei Katzen und hatte nie Probleme damit." Diesen Menschen sage ich, dass Erfahrung zwar nützlich, aber Bildung wirklich wichtig ist, wenn es um die Pflege deiner Katze geht. Würdest du denn gern zu einem Zahnarzt gehen, dessen einzige Qualifikation darin besteht, dass er seit 30 Jahren seine eigenen Zähne besitzt? Wissen kommt nicht nur durch Erfahrung, sondern auch durch Lernen. Deshalb freue ich mich, dass du dir die Zeit genommen hast, dein Wissen durch Lesen zu erweitern. Herzlichen Glückwunsch und genieße das Leben mit deinen Katzen.

www.ingramcontent.com/pod-product-compliance
Lightning Source LLC
Chambersburg PA
CBHW071745120626
46550CB00002B/670